F.O. FAYGA OSTROWER ILUSTRADORA

ORGANIZAÇÃO EUCANAÃ FERRAZ

IMS
INSTITUTO MOREIRA SALLES

Este livro foi realizado por ocasião
da exposição *Fayga Ostrower ilustradora*,
no Instituto Moreira Salles, Rio de Janeiro,
de 26 de março a 15 de maio de 2011.

SUMÁRIO

OUTRAS RELAÇÕES DA VISTA E DO VISTO

EUCANAÃ FERRAZ

Basta dizer o nome — Fayga Ostrower — para que em nossa memória surjam cores e luz; transparências, texturas, ritmos afloram inesperados como se, involuntariamente, recordássemos fragmentos de paisagens formadas por aquilo que o escritor Aníbal Machado definiu como "arquiteturas do invisível".[1]

Tal mundo, a um só tempo fluido e ordenado, aparece nos versos em que Carlos Drummond de Andrade fixou sua visão da artista e da obra como realidades confundidas:

> Fayga faz a forma
> flutuar e florir na pauta
> musicometálica.
> Água-forte, água-tinta
> água fina
>   lavam
> a crosta da terra
>   varam
> a delicada ordenação das estruturas
>   manifestam
> o diáfano.
>
> Fayga exige à madeira
> suas paisagens concentradas
> mundos lenhosos que sobem à vida
> no coro de cores, cor
> ressoando nas coisas, independente de som.
>
> Fayga faz e perfaz
> a fundação de objetos líricos
> sob superfícies falazes.
> Depois bloqueia a luz, e a espessa
> atmosfera do Não volve em depósito
> de infinitos esquemas
> vibrando noturnamente.

1
Fayga em seu ateliê.
Rio de Janeiro, 1958.

Fayga é um fazer,
filtrar e descobrir
as relações da vista e do visto
dando estatuto à passagem
no espaço: viver
é ver sempre de novo
a cada forma
a cada cor
a cada dia
o dia em flor no dia.[2]

Ao partir da materialidade das gravuras, o poema põe em cena o ofício da gravação, sua dinâmica, e aquilo que nele se revela da criadora (observe-se, por exemplo, que, nas três primeiras estrofes, a artista age, executa, até que, na última, ela e o trabalho são uma mesma coisa: "Fayga é um fazer"). As imagens de Drummond repercutem uma série de sugestões, princípios, visualidades que nortearam uma obra que, sem dúvida, sempre nos vem à lembrança como um "coro de cores".

A presente exposição traz, no entanto, um conjunto de obras em que está quase de todo ausente aquela manifestação do "diáfano"; em que as cores foram ganhando voz aos poucos; e, principalmente, em que se faz clara a trilha que vai do expressionismo figurativo à conquista plena da abstração.

E, ainda, em vez de trabalhos nascidos da livre expressão e destinados a uma contemplação também ela autônoma, expomos, aqui, gravuras, desenhos, colagens e projetos gráficos que nasceram em contiguidade com outras obras, destinados à veiculação material da escrita, sobretudo em livros e periódicos.

Na complexa trama desses trabalhos, podem-se distinguir três conjuntos: o primeiro é estritamente figurativo, constituído de gravuras em linóleo, cujas imagens surgem apenas da cor preta sobre o papel; o segundo caracteriza-se pela passagem da figuração para a abstração, com linhas negras estruturando volumes e ritmos sobre a superfície branca; no terceiro conjunto, a linguagem é já a do abstracionismo, e é também aí que surgem as cores.

Mas o olhar atento enxergará mais que isso. Poderá perceber que a minúcia realista do primeiro conjunto deixa ver, aqui e ali, linhas e volumes em composições quase abstratas, ou ainda que nas representações de *O cortiço* e de *Fontamara* vibra algo de biográfico: uma sensibilidade marcada pela fuga dos *pogroms*, bem como pela vida pobre num Brasil não muito diverso daquele retratado por Aluísio Azevedo na segunda metade do século XIX ou do mundo rural, estacionário e opressivo, criado por Ignazio Silone para falar da Itália sob o regime fascista. No segundo conjunto, o mesmo olhar deverá colocar-se diante de uma realização em si mesma e encontrará mais que a passagem de uma linguagem a outra. No terceiro, notará que as cores despontam sóbrias em xilogravuras e, mais tarde, explodirão vibrantes com outra técnica, a serigrafia, e que a abstração deixa ver elementos figurativos; por fim, encontrará em tudo os jogos entre cheios e vazios, a luz como elemento de composição, os ritmos, o rigor construtivo ou, para voltar a Drummond, "a delicada ordenação das estruturas".

Além das gravuras originais, inéditas em sua maioria, expomos provas tipográficas, livros, revistas e jornais, que confirmam o quanto Fayga esteve, desde sempre, voltada para técnicas de origem artesanal — e, nisso, gravar não se diferencia de pintar ou esculpir —, mas também para os meios de produção capazes de gerar imagens multiplicáveis; daí sua fidelidade à gravura, com breves passagens pelo desenho e pela aquarela.

A ideia de reunir esses trabalhos partiu de duas constatações: o diálogo entre a letra e a figura é tão antigo quanto o livro; e a obra de Fayga está entre as mais altas realizações da arte brasileira do século XX. Essas duas evidências encontram-se aqui: *Fayga Ostrower ilustradora*.

---

1 MACHADO, Aníbal. Catálogo da Exposição de Fayga Ostrower no Museu de Arte Moderna do Rio de Janeiro, 1958.

2 ANDRADE, Carlos Drummond de. "Fayga Ostrower". *In*: *As impurezas do branco: poesia completa*. Rio de Janeiro: Nova Aguilar, 2003, p. 767.

2
Detalhe de ilustração para o romance *Fontamara* (1933), do escritor italiano Ignazio Silone. [ver p. 103]

3
Fayga em seu ateliê. Rio de Janeiro, 1958.

4
Fayga em Itatiaia (RJ). 1945. [pp. 10-11]

IMAGENS JORNAIS E LIVROS

JÚLIO CASTAÑON GUIMARÃES

Abordar a atuação de Fayga Ostrower ligada a livros e à imprensa implica lembrar alguns aspectos mais gerais para além da recuperação dessa produção menos conhecida. Mais frequente no início da sua carreira, essa atuação está ligada assim a certas características de sua formação e também a um momento importante de definição de suas concepções estéticas. Relacionada com a produção literária da época, tem a ver com um período bastante fértil da cultura brasileira, de modo especial no caso da imprensa cultural, de uma significação hoje talvez difícil de imaginar. E permite ainda pelo menos mencionar o trabalho de alguns editores, sobretudo aqueles voltados para a pequena edição de caráter mais elaborado e artesanal.

Sobre algumas dessas questões, a própria Fayga fez uma exposição breve, mas que assinala alguns dos aspectos envolvidos. Trata-se de um depoimento feito a propósito de seus contatos com o poeta Murilo Mendes, com cujo apoio ela contou numa etapa decisiva de sua carreira.[1] Depois de mencionar que teve como professores Axl Leskoschek e Carlos Oswald, Fayga relata que começou a se dedicar às artes plásticas atuando como ilustradora nos suplementos literários da época, ou seja, a década de 1940. Lembra que havia muitos suplementos, cerca de uma dezena, e que ilustrou textos de importantes autores da literatura brasileira. Sobre a importância desse período para ela, diz: "Esta época foi de grandes descobertas internas para mim", descobertas que se relacionavam diretamente com seu trabalho: "Estabeleceu-se um caminho em que, pouco a pouco, procurei dar maior ênfase expressiva às formas de minhas imagens, chegando, deste modo, à arte abstrata". Depois de referir o peso que as posições ideológicas tinham naquele momento, Fayga comenta a má recepção que sua primeira exposição de gravuras, em 1954, teve por parte de vários artistas importantes, em geral ligados ao Partido Comunista, tendo Axl Leskoschek, seu antigo professor, cortado relações com ela. Afirmando ainda que ela própria "compartilhava de uma visão esquerdista", diz que foi execrada por fugir ao único caminho admissível, o do realismo socialista, e assim abandonar a temática social e a causa humana. O depoimento conclui com o testemunho de que foi em Murilo Mendes que na época ela encontrou uma das poucas pessoas que a compreendiam e a apoiavam.

5
Detalhe de gravura de Fayga para o livro *Opus 10* (1952), de Manuel Bandeira. [p. 12]

6
Página do mesmo livro, com a marca da editora.

Murilo Mendes veio a publicar no jornal *Para Todos*, de setembro de 1956, um artigo intitulado "Fayga Ostrower e a gravura",[2] em que fala da irrupção da abstração no trabalho de Fayga, mais precisamente de sua passagem para a abstração:

Fayga chegou através de sucessivas experiências técnicas à descoberta da forma abstrata como solução de total ajustamento às suas necessidades de representação do mundo. Não aderiu repentinamente a uma teoria estética ou formal em voga. Partiu de ensaios vacilantes para atingir o estado atual de correspondência entre o rigor de suas exigências internas e sua exata adequação ao material que lhe serve de base e apoio.

O foco do artigo é o trabalho a que Fayga chegou; a menção a "ensaios vacilantes" parece já ter em vista os ensaios de abstração e não o trabalho anterior. Se Murilo Mendes se ateve ao que Fayga apresentava naquele momento, deixando de lado o processo por que ela havia passado, este não lhe era desconhecido, sobretudo porque, sendo um crítico atuante na época, sem dúvida estava atento para a questão, que mobilizava as opiniões.

Um tanto ao acaso, podem ser mencionados alguns exemplos de abordagem do tema, com frequência em tom candente. Manuel Bandeira, em carta de 25 de novembro de 1951 dirigida a João Cabral de Melo Neto, dizia: "Outra coisa que me está assustando é a minha incompreensão da corrente abstracionista nas artes plásticas. Não a rejeito, mas acho absurdo o desdém que ela mostra ou afeta pelo que agora começaram a chamar o 'conteudismo'."[3] João Cabral logo a seguir responde à preocupação de Bandeira, estendendo-se em sua própria visão do assunto:

Se v. acha que está ficando velho por não compreender a arte abstrata creio que está enganado. Em primeiro lugar não há o que compreender. Acho que v. quer dizer "aceitar" em lugar de compreender. Pois quanto à "aceitação" devo dizer que estou com 31 anos e não a aceito. (...) Por que v. não toma a frente de um movimento contra essa arte abstrata? (...) Mas você com sua autoridade podia muito bem tomar a frente de um movimento de denúncia do abstracionismo em pintura, e seu equivalente atonalismo da música e do neoparnasianismo-esteticismo da Geração de 45.

Naturalmente seria preciso contextualizar o comentário — Cabral considera a abstração incompatível com a realidade brasileira e que seria "trágico (...) nos entregarmos a todos esses requintes intelectuais". Essas manifestações hoje podem soar surpreendentes, sobretudo pelo seu caráter de antagonismo aguerrido, mas eram frequentes na época.

7-14
Páginas de *Letras e Artes*, suplemento literário do jornal carioca *A Manhã*, em que Fayga colaborou com ilustrações de 1947 a 1951. [pp. 17-24]

Letras e Artes
RIO DE JANEIRO, DOMINGO, 5 DE SETEMBRO DE 1948

PAGINAS DA POESIA MODERNA

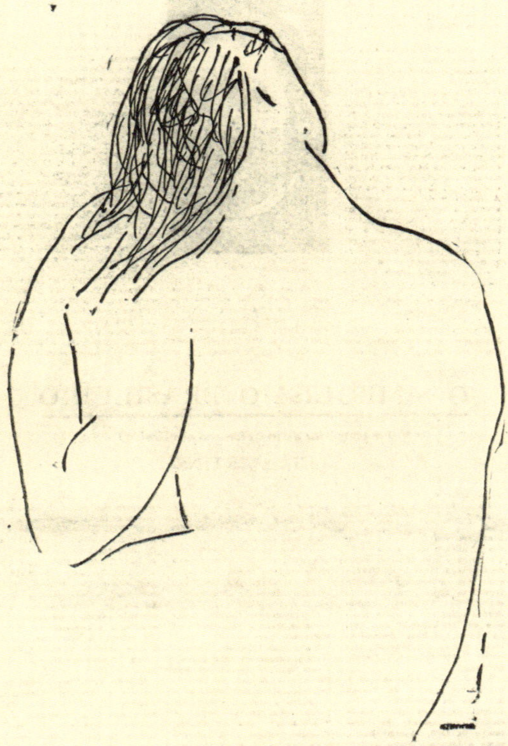

Ilustração de FAYGA OSTROWER

SONETO DA AUSENTE

É IMPOSSIVEL QUE, NA FURTIVA CLARIDADE
QUE TE VISITA SEM ESTRELA NEM LUA,
NÃO PERCEBAS O REFLEXO DA LAMPADA
COM QUE TE PROCURO PELAS RUAS DA NOITE.

É IMPOSSIVEL QUE, QUANDO CHORAS, NÃO VEJAS
QUE UMA DAS TUAS LÁGRIMAS É MINHA.
É IMPOSSIVEL QUE, COM O TEU CORPO DE ÁGUA JOVEM,
NÃO ADIVINHE TÔDA A MINHA SÊDE.

É IMPOSSIVEL NÃO SINTAS QUE A ROSA
DESFOLHADA A TEUS PÉS, AINDA HÁ UM MINUTO,
FOI JOGADA POR MIM, COM A MÃO DO VENTO.

É IMPOSSIVEL NÃO SAIBAS QUE O PÁSSARO,
CAIDO EM TEU QUARTO POR UM VÃO DA JANELA,
ERA UM RECADO DO MEU PENSAMENTO!

CASSIANO RICARDO

Ilustração de FAYGA OSTROWER

CANUDOS

Sugestão para um roteiro de film, baseado no episódio da Campanha de Canudos, imortalizada por Euclides da Cunha — A história desenrola-se no sertão da Bahia, em 1897

IGNACIO DA SILVA TELLES

— I —

1 — Paisagens da região. Caatingas e descampados. Ao longe, serras e taboleiros. Os efeitos da sêca ainda não se fizeram sentir. Há um pouco de folhagem verde na galharia retorcida dos arbustos.

Nenhum indício de animal ou de homem. Nenhum pássaro cortando os ares.

2 — Ouve-se ao longe o toque de um "berrante". É monótono. Sempre a mesma nota repetida e prolongada. Vem chegando, inundando o mundo inteiro de melancolia.

3 — Aparece a boiada, tocada pelo vaqueiro e por dois meninos. Passa num tropel, levantando uma nuvem de poeira. Vozes dos meninos gritando: "Eia, boi! Eia! Desaparecem na caatinga. O som das vozes extingue-se na distancia, deixando de ouvir somente o toque do berrante, que vai morrendo aos poucos.

4 — Cena de uma fazenda. No meio de um "limpo" um casebre de barro, coberto de folhas de piassaba. Porta de esteira. De um lado, um cercado feito de páu entrançado, servindo de curral. Um regato pouco adiante.

5 — O fazendeiro, sentado num côcho, conserta um arreio. Ele ouve ao longe o toque do berrante. Endireita-se e, depois de uma escuta mais atenta, levanta-se e retira os páus que dão entrada ao curral.

6 — De noite, sentados à soleira da porta, o fazendeiro conta a seu hóspede coisas do Antonio Conselheiro, e lhe anuncia que vai vender o que tem e partir para Canudos.

7 — De madrugada, o vaqueiro continua seu caminho.

8 — Em cada rancho a que chega, ouve falar do Antonio Conselheiro: "êle constrói igrejas e açudes... cura doentes... reforma cemitérios... dorme sobre uma tâboa e jejúa.. já foi visto suspenso no ar quando fala aos discípulos... chóra lágrimas de sangue...

Canudos é a Cidade Santa... Canudos é o caminho do Céu.

Os homens da "terra grande" estão zangados porquê o Conselheiro é mais forte do que êles. Já mandaram três vezes milhares de soldados, e três vezes foram derrotados. Porquê o Conselheiro é invencivel".

9 — O vaqueiro fica impressionado com tudo que lhe contam. Leva ao destino o seu gado, e retorna para seu rancho, no fundo perdido do sertão.

10 — Ali, comunica a sua familia (mulher, uma filha moça e os dois meninos que o ajudaram a tocar o gado), que vai levá-la para Canudos. (Resignação heroica da mulher. Em silêncio, ela olha em torno e contempla seus tarêcos, naquele rancho miseravel, seu mundo. Seu olhar fala: "deixar minhas coisas... abandonar tudo... e partir para uma vida estranha..."

Silêncio também da filha. Mas esta mal consegue esconder a alegria. Enquanto seu pai continua falando — Canudos é o caminho do Céu — seus olhos, pela porta aberta, contempla o mundo enorme, já fóra, que a espera.)

11 — Vender as coisas e deixar tudo ageitado, leva tempo demais. Quando partem finalmente, todos montados e levando cargueiros para a longa viajem, a sêca já se faz sentir, e, pelo caminho, assola-os tôda a espécie de desventuras:

Passam pela fazenda da cena 4. O rancho está abandonado. O regato secou. À volta de uma cacimba ressequida, rezes magríssimas esperam pela morte. Passam por outros logares, já conhecidos da viajem anterior, mas é um outro mundo. Nos últimos meses, a sêca transfigurou as paisagens.

Os cavalos, um por um, vão ficando no caminho. Eles continuam a pé. Passam por queimadas sem fim. Dias inteiros atravessando a caatinga devassada pelo fôgo. O ar parado. Uma nevoa densa encobrindo as coisas. O sol, um disco vermelho que se pode fitar sem ter os olhos feridos.

12 — São tantas as agruras do caminho, que o vaqueiro está quase arrependido de ter vindo. Sua filha, no entanto, não perde alento. Os outros, mulher e meninos, vão trôpegamente caminhando em silêncio...

— II —

1 — Ambiente luxuoso no Rio de Janeiro. Há grande exaltação por causa da revolta dos monarquistas, que armaram um exército inteiro no meio do sertão baiano, a fim de derrubar a republica. As tropas do exército já três vezes haviam sido destroçadas, e a ultima que seguira estava sendo sitiada. Era uma vergonha para o país. "Enviaremos todos os reforços necessários. É preciso salvar a República!"

2 — Jornais dando a noticia da remessa de mais tropas.

— III —

1 — Segue uma coluna militar por meio da caatinga, em demanda de Canudos. Leva consigo um combolo de abastecimentos (boiada, tocada por vaqueiros da região, e uma tropa de burros cargueiros). Os soldados caminham em silêncio. Só se ouvem seus passos e o ruido dos carroções e dos cavalos. Dominando tôdas as cenas dessa coluna em marcha, o toque do berrante e os gritos distanciados dos vaqueiros conduzindo a boiada.

2 — De súbito, o pipoquear de tiros partindo de vários pontos escondidos na caatinga, ferindo alguns soldados. A tropa inteira se alvoroça. Os soldados disparam suas armas contra os logares mais suspeitos. No meio do tumulto geral, há toque de clarins, tentando dar ordens de combate. A infantaria investe, de baioneta calada, contra o inimigo invisivel.

3 — A boiada, assustada, estoura, arrazando tudo a sua frente. A tropa de burros esparrama-se por todos os lados. A cavalaria, ao lado dos vaqueiros, sai ao encalce da boiada.

4 — Os da infantaria que investiram contra o inimigo retornam rasgados, machucados e com peças perdidas da farda.

5 — Um oficial, vendo fugir alguns cargueiros, atira-se a cavalo ao seu encalce, acompanhado de um soldado também montado. Eles se emaranham no meio da galharia retorcida dos arbustos e perdem de vista os burros, que apenas indicam sua posição pelo sincerro que levam ao pescoço. Depois de grande esforço e muito tempo, os animais fugidos são finalmente alcançados, mas as bruacas estão caídas, as cangalhas pensas e rompidas as tiras de couro. Desajeitadamente, os dois militares procuram pôr tudo em seus logares, e quando por fim se dispõem a voltar, percebem que estão perdidos. Continuam caminhando, no entanto, sem saber ao certo para onde, tocando na sua frente, com grande embaraço, os burros cargueiros.

6 — De súbito, surge ao seu lado o vaqueiro das primeiras cenas, que lhes implora, pelo amôr de Deus, salvar a sua familia. São então conduzidos ao logar onde se encontram estendidos no sólo, em torno de uma cacimba de terra apenas humedecida, os membros quase mortos de sua familia. O oficial oferece a todos água e alimentos, e, como a tarde já vai adiantada, ficam todos ali mesmo a fim de passar a noite.

7 — O sertanejo e a filha, reconfortados, falam do Conselheiro. O oficial, curioso, indaga... Pouco depois o oficial continua indagando, mas agora já cheio de pasmo.

8 — No dia seguinte, como a direção de seus caminhos é praticamente a mesma resolvem seguir juntos, o vaqueiro ajudando a conduzir os cargueiros, e os militares alimentando os sertanejos.

9 — Dias caminhando juntos. Surgem novos grupos de sertanejos em demanda de Canudos. Em todos, a mesma absoluta certeza de estarem à busca do caminho do Céu. Através das conversas, o oficial vai descobrindo, com espanto, o outro lado daquela guerra em que êle se encontra envolvido.

10 — Numa parada para descanso no meio do dia, o oficial, exausto, num desabafo, exclama: "mas como é feio este sertão!" A moça, ao ouvi-lo, apanha do chão uma minúscula florzinha e lh'a entrega, dizendo:

5 — "é preciso ter olhos para ver." Ele a toma de suas mãos.

— IV —

1 — Por seu lado, a coluna de reforços também segue seu caminho, levando, grandemente desfalcado, o combolo de abastecimentos. Passa pelo, destroços de um dos regimentos anteriores. Restos de milhares de fardas e arreios esparramados por todos os lados e dependurados na galharia dos arbustos. Há corpos ressequidos, dependurados também nas árvores. A coluna continua num silêncio pesado.

2 — Passa por uma léva de feridos voltando de Canudos. Alguns poucos a cavalo, outros em rêdes, outros ainda em lerdas carroças. A maioria a pé. São centenas, em pequenos grupos. Imploram por água e comida. Logo depois, em choupanas abandonadas, a coluna passa por feridos largados à mingua, sem forças para continuar. Em tudo, o mesmo aspecto de absoluta desolação.

— V —

1 — Ultima noite em que os dois militares têm de pousar com os sertanejos. Já se ouve, na distancia, o troar do canhão. O oficial sabe, agora, que o sertanejo não é inimigo da Nação. Pelo contrário, é a própria Nação, e apenas defende o lar invadido. Durante os dias passados juntos, ensinaram-lhe alguns segredos daquela natureza agreste: em que tronco procurar o mel das pequenas vespas, que raizes podem ser mastigadas, que espécie de arbusto oferece a seiva que abranda a sêde... E aos poucos, para seus olhos atônitos, a natureza bárbara da caatinga se havia transfigurado, e êle começou a compreender a face escondida daquele mundo. Ao mesmo tempo, está perturbado pela fé daqueles homens à sua volta. Há nela um mistério que o faz sentir como se pela primeira vez abrisse os olhos para as coisas do mundo. Ele comenta com o soldado: "nós, das cidades do litoral, não conhecemos o brasileiro, nem o sentido de sua vida".

2 — De madrugada, os militares se despedem dos amigos. Estes os deixam partir com pena de sua sorte.

3 — Os sertanejos ainda caminham o dia inteiro, e, ao cair da tarde, do alto de uma colina, avistam Canudos, e caem de joelhos.

Ao longe, o sino da igreja, com badaladas lentas e compassadas, tange a Ave-Maria. Uma paz infinita envolve o mundo.

5 — Súbito, o troar do canhão quebra o silêncio. O sino no entanto, sem alterar o ritmo, continua a chamar para a reza.

— VI —

1 — Os dois militares, por seu lado, chegam também ao alto de uma colina, onde se encontra parte da artilharia, e de onde se avista Canudos pelo lado oposto. Mais de cinco mil casebres de barro, construidos desordenadamente, numa enorme confusão. Uma só rua estreita e imunda, vem dar no primeiro plano, à unica praça, entre duas igrejas. Em grande parte destruida e fumegante, Canudos parece uma cidade abandonada. O único indício de vida, naquele momento, é o sino da igreja, maior tangendo a Ave-Maria.

2 — Ambiente de acampamento de artilharia. Soldados de aspecto cansado. Devido à ardência do clima, substituiram o quépi militar pelo largo chapéu de couro usado na região. Conversa mole e irreverente. O oficial começa a compreender de maneira pungente o absurdo de tudo aquilo, a loucura daquela guerra.

3 — De repente o sino cessa. Sobe, então, daquele casário abandonado, o murmurio da reza. Ladainhas. O canhão troa, mas a reza continua inalterada. Já noite, a reza acaba. Logo em seguida, o sino da igreja desanda a tocar com violência e irrompe da cidade morta uma fuzilaria que continua, sem interrupção, pela noite a dentro.

4 — Numa baixada escondida da vista de Canudos, o oficial encontra as tendas do Q. G.. Em frente a uma delas, há um ajuntamento de soldados que se acotovelam para espiar melhor. Ele chega e lhe dizem: "eis os primeiros prisioneiros que fazemos. Também, depois de três meses, já era tempo!"

5 — Os primeiros prisioneiros são algumas mulheres com crianças de braço e outras pouco maiores, de seis a dez anos. Um dos pequenos traz à cabeça um velho quépi apanhado no caminho, que lhe desce até os ombros. Alguns soldados riem. A criança alça o rosto para vê-los. Os risos extinguem-se: a bôca é uma chaga aberta de lado a lado por um tiro.

6 — Como revelam estar sedentos e esfomeados, os oficiais comentam entre si: "estão sem água há muitos dias, e possivelmente sem alimentos. Canudos não será mais capaz de resistir a uma carga de baionetas. Vamos amanhã acabar com esta guerra". Combina-se o ataque final.

— VII —

1 — De madrugada, os vinte canhões, colocados nas elevações em torno de Canudos, começam a atirar sem interrupção durante horas seguidas. Dos casebres atingidos, saem seus habitantes, homens mulheres e crianças, procurando precipitadamente refúgio em outra casa.

2 — Toque de clarim. Cessa o canhoneio. Começa o ataque. Das colinas envolventes desce a infantaria em passo de carga. No mesmo instante irrompe a fuzilaria partindo dos sertanejos. À medida que os soldados descem, vão muitos caindo alvejados. Sobre seus corpos pulam os que vêm atrás, continuando na carreira sobre o inimigo. Alguns casebres da orla da cidade são tomadas, mas é enorme o número de baixas no meio dos batalhões atacantes. Em certos pontos a investida pára, chega mesmo a retroceder, e se atira novamente para a frente. As vantagens conseguidas não compensam as perdas.

3 — Depois de horas de luta, o Estado Maior manda parar o ataque. Os feridos são conduzidos, às centenas, para o hospital de sangue. Entre êles se encontra o oficial chegado na véspera.

O hospital de sangue é constituido de cerca de quinze tendas.

— VIII —

1 — UM MES DEPOIS: O hospital é agora constituido de algumas dezenas de tendas. Em redor delas, muitos feridos, sem mais logar dentro das barracas, jazem pelo solo, ao relento. De Canudos, somente restam algumas casas intactas ao lado da igreja maior em ruinas. O cerco fechou. Quase tôda a cidade se encontra em mãos dos soldados.

2 — Por causa das primeiras chuvas que já estão caindo, o Estado Maior, com mêdo de uma epidemia no meio da tropa, resolve fazer explodir o que resta de Canudos com uma carga de dinamite.

3 — Nessa mesma tarde, a explosão, seguida de um silêncio de morte, enquanto lentamente, da fumaça negra que sobe para os ares, caem as cinzas. Não há alegria entre os vencedores. Emudecidos, assistem ao espetáculo. — De súbito do meio dos entulhos, a batida compassada do sino tangendo a Ave-Maria. Logo depois, para espanto geral, os sertanejos, saltando das ruinas, investem contra as tropas num ataque violentissimo, e varias vezes renovado.

4 — Dias depois, numa fossa cavada ao pé da igreja e rodeada de cadáveres, tanto de sertanejos, como de soldados, vinte homens ainda resistem. Não conseguem ficar de pé, tal sua fraqueza. Alguns são meninos. Carga de dinamite sobre êsse último reduto, depois da qual ainda alguns tiros alvejam os soldados que tentam aproximar-se. Mas são poucos, e, diante da intensa fuzilaria dos atacantes, cessam por completo. Dentro da fossa estão todos mortos.

— IX —

1 — O oficial havia se erguido do leito, e, com sofreguidão,

(Conclui na 8.ª pág.)

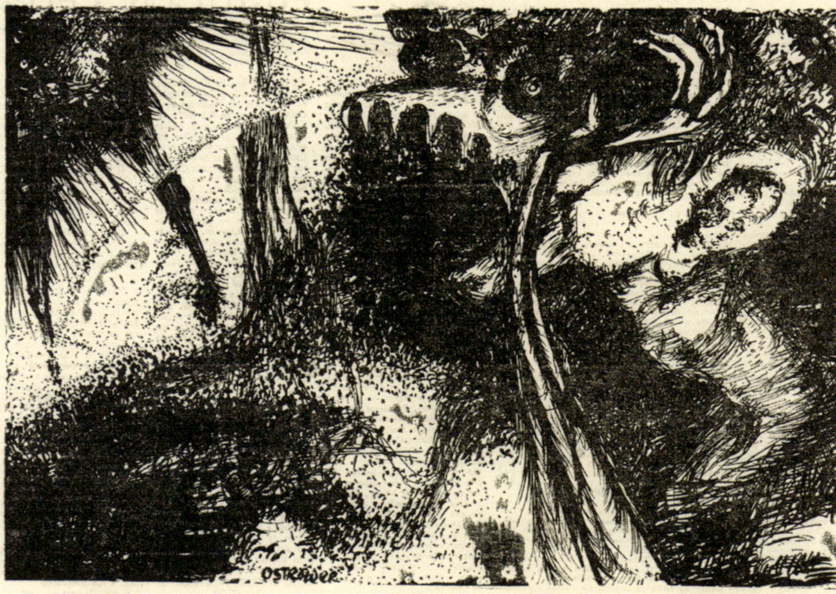

Ilustração de FAYGA OSTROWER

A ORIGEM DO SOL

("Puissance égale bonté")

VICTOR HUGO

Trad. de Eugênio Gomes

NO PRINCIPIO, AO CRIADOR, EM PLENO ESPAÇO, UM DIA,
EBLIS APARECEU. E, AO INTRUSO, QUE SURGIA:
— VENS PEDIR O PERDÃO? — DIZ-LHE DEUS. — NÃO! — RESPONDE.
ENTÃO, QUE QUERES TÚ? — E O MONSTRO, QUE SE ESCONDE
EM PLENA ESCURIDÃO, BRADA: — MINHA RESPOSTA?
JUNTEMO-NOS A VER, COMO SOB UMA APOSTA,
QUEM UM ENTE FARÁ MAIS FORMOSO QUE EXISTA.
— CONSINTO-O — DIZ-LHE DEUS. — POIS BEM GRUNHIU O ARTISTA
DO MAL — AMOLDAREI TUA OBRA E, TRANSFORMADA,
EU T'A APRESENTAREI PARA SER FECUNDADA;
E, POR SEU TURNO, ENFIM, COM O SEU GENIO POTENTE,
CADA QUAL TRANSFIGURE O QUE O OUTRO LHE APRESENTE.
— SEJA! E O QUE EXIGES TÚ? — E O GRANDE REBELADO:
— DO CAVALO, A CABEÇA, E OS CÓRNOS DO VEADO. —
— TOMA! — O FILHO DA TREVA, UM MOMENTO, MEDITA.
— A ESSES CÓRNOS PREFIRO OS DO ANTILOPE! — GRITA.
— POIS, TOMA: — EBLIS RETORNA AO ANTRO, VIBRA O MALHO,
À FORJA ACESA, E SOBE. — ACABASTE O TRABALHO? —
— NÃO! — QUE AINDA QUERES TÚ? — DIZ-LHE O SER, COM DESDOURO
— OS OLHOS DO ELEFANTE E O PESCOÇO DO TOURO! —
— AÍ TENS. — DÁ-ME, DEUS. — AINDA EXIGE O INSOLENTE —
COM O VENTRE DA LAGOSTA E OS ANEIS DA SERPENTE,
AS PERNAS DO CAMELO E, DO AVESTRUZ, AS PATAS. —
— TOMA! — ENTRANDO O COVIL, O REI DAS PATARATAS,
VAI E VEM, NUM ZUMZUM DE ZANGÃO NA COLMÉIA,
E OS FERROS COM ESTRIDOR, REMOVE E TANTANEIA.
NENHUM OLHAR PODIA, ATRAVÉS DA NEGRURA,
VER O QUE ELE FAZIA EM SUA ABJETA LURA.

DE REPENTE, ANTE O SER, EBLIS, DE NOVO, ASSOMA:
— FORNECE-ME A CÔR DO OURO! — E DEUS, SORRINDO: — TOMA! —
FURIBUNDO, A BUFAR, COMO UM TOURO GOLPEADO,
SATAN VOLTA A FORJAR, ANTE O FORNO ABRASADO,
AS TENAZES, O MALHO AS FERRAMENTAS SÔAM.
ESTRONDEIA A CAVERNA. ÀS MALHADELAS, VÔAM
RAIOS, CHISPAS E CLARÕES, EM REACENDIDAS FLAMAS
OS OLHOS A LUZIR COMO CARVÕES EM CHAMAS,
O DIABO RUGE. E O FOGO ESPIRRA-LHE DAS VENTAS
COM O BARULHO, O FRAGOR DAS AGUAS TURBULENTAS
QUE FORÇAM, PELO INVERNO, A QUE A CEGONHA EMIGRE.
E DEUS — QUE QUERES MAIS? — QUERO O SALTO DO TIGRE!
— TOMA! — E O DIABO BRADOU, DA TORVA MADRIGUEIRA:
— TUFÃO, VEM ME AJUDAR A SOPRAR A FOGUEIRA! —
A FORNALHA FLAMEJA. O SUOR BANHA A FIGURA
DO MONSTRO, QUE SE ESTORCE. E SOB A ARCADA OBSCURA
SÓ SE VIA UM CLARÃO SINISTRO, AVERMELHADO,
ENVOLVENDO O PERFIL DO FORJADOR DANADO.
COMO UM OUTRO SATAN, MUITO O AJUDAVA O VENTO.
E, DE NOVO, O SENHOR FALOU, DO FIRMAMENTO:

— QUE QUERES AINDA MAIS? — E O PÁRIA, O MONSTRO INFORME,
PEDE, ERGUENDO A CABEÇA AMALDIÇOADA E ENORME:
— QUERO O PEITO DO LEÃO E, DO CONDOR, AS ASAS! —
E DEUS LOGO ATIROU AO HABITANTE DAS VASAS,
AO REVEL FORJADOR DO ORGULHO E DA TRAIÇÃO,
AS ASAS DO CONDOR E O TÓRACE DO LEÃO.
E SATAN REENCETOU SEU TRABALHO DE RASTROS.
— QUE MONSTRO ELE FARÁ? — PERGUNTAVAM-SE OS ASTROS
E O MUNDO GRAVE, ANSIOSO, AGUARDAVA, ESPECTANTE,
O COLOSSO QUE ESTAVA A ENGENDRAR O GIGANTE.
DE REPENTE, SE OUVIU, A ESVAIR-SE NO PEGO,
COMO DE HUMANO PEITO, UM DERRADEIRO OFEGO.
O ETNA, FORJA VORAZ DO FORJADOR TINHOSO,
INFLAMA-SE E ABRE EM DOIS O TECTO TENEBROSO.
E A UMA SULFÚREA LUZ, NO MAIOR ALVOROTO,
AS MÃOS DE EBLIS SALTAVA UM DOUDO GAFANHOTO.

O PRINCIPE DO MAL, SER ALADO, MAS COXO,
REVIA, COM ORGULHO, A SUA OBRA DE MOCHO,
TANTO O ABORTO É COMUM ÀS PARAGENS DA SOMBRA
ERGUENDO O CORPO A MEIO, ENTRE A NUVEM QUE O ENSOMBRA,
OS TORTOS BRAÇOS CRUZA E, IRÓNICO, ESTERTÓRA,
GRITANDO NO INFINITO: — Ó MESTRE, TU, AGORA! —
E O RÉPROBO QUE AO SER DESAFIA, ARROGANTE,
BLATÉRA: — TU ME DESTE O AVESTRUZ E O ELEFANTE;
O OURO PARA DOURAR; E O QUE HAVIA DE BELO:
O TOURO, O FULVO LEÃO, O CAVALO, O CAMELO,
O ANTILOPE E O CONDOR, O TIGRE ARISCO E A COBRA,
POR MINHA VEZ, DAREI O QUE EXIJA A TUA OBRA.
EIS AÍ O QUE TENHO. ENTREGO-TE. RECEBE! —
E DEUS QUE, AO VER O NEGRO, O DIAFANO PERCEBE,
ESTENDE A IMENSA MÃO, QUE A LUZ MAIS PURA BANHA,
E, NA SOMBRA, O DEMONIO ENTREGA-LHE UMA ARANHA.
DEUS TOMANDO-A, DEIXOU-A AO CENTRO COLOCADA
DO VORTICE ANTERIOR À ABOBADA AZULADA.
PÔS-SE OLHA-LA COM AMOR. A DIVINA PUPILA,
FORMIDAVEL, VERTIA A SUA LUZ TRANQUILA.
ÀS SUBITAS, O MONSTRO, ÍNFIMO PONTO INFORME,
FOI CRESCENDO, CRESCENDO, ATÉ FAZER-SE ENORME.
SERENO, O OLHAR DE DEUS TODO NELE DEMORA.
SOB ESSA FORMA ASCOSA ESTRANHA LUZ ALVORA.
O VENTRE EM IGNEO GLOBO EXPLODE, DE REPENTE,
DAQUELAS PATAS VIS, AS FALANGES NODOSAS
ALONGAM-SE, NA SOMBRA, EM FLECHAS LUMINOSAS.
EBLIS LEVANTA O OLHAR. E PERTURBADAMENTE,
INCLINA-SE, VENCIDO, ANTE O RUBRO ARREBOL,
POIS DEUS, DA HORRENDA ARANHA, HAVIA FEITO O SOL.

Letras e Artes

RIO DE JANEIRO, Domingo, 18 de Abril de 1948

CANTATA

Ilustração de FAYGA **OSTROWEI**

CERRAI-VOS, OLHOS, QUE É NOITE E LONGE.
E ACABOU-SE A FESTA NO MUNDO:
COMEÇAM AS SAUDADES HOJE.

LONGOS ADEUSES PELAS VARANDAS
DESCEM, E VÃO FUGINDO EM MÁRMORE
CASCATAS CÉLERES DE ESCADAS.

PELOS PORTÕES NÃO ENTRAM MAIS SOMBRAS,
NEM HÁ MAIS VOZES QUE SE ENTENDAM
NAS DISTÂNCIAS QUE O CÉU DESDOBRA.

AS RUAS LEVAM A MARES DENSOS,
E PELOS MARES FOGEM BARCAS
SEM ESPERANÇAS DE ENDEREÇO.

C E C I L I A   M E I R E L E S

Ilustração de FAYGA OSTROWER

P A L A V R A S

ESPADA ENTRE FLORES.
ROCHEDO NAS ÁGUAS
ASSIM FIRMES. DURAS.
ENTRE AS COISAS FLUIDAS.
FIQUEM AS PALAVRAS.
AS VOSSAS PALAVRAS.

POIS SE, POR ACASO.
DENTRO DOS SEPULCROS
ACORDAM AS ALMAS.
E EM SONHOS CONFUSOS
SUSPIRASSEM RUMOS
DE HISTÓRIAS PASSADAS.
E HOUVESSE UM TUMULTO
DE ÂNSIAS E DE LÁGRIMAS,
– LEMBRASSEM AS LÁGRIMAS.
CAÍDAS NO MUNDO.
NAS NOITES AMARGAS.
CERCADAS DOS MUROS
DAS VOSSAS PALAVRAS.
TODAS AS PALAVRAS.

NOS ESPÊLHOS PUROS
QUE A MEMÓRIA GUARDA
FIQUE O ROSTO SURDO.
A MÚSICA BRAVA
DO HUMANO DISCURSO.
DE QUALQUER DISCURSO.

SÓ DE MORTE EXATA
SONHARÃO OS JUSTOS.
SAUDOSOS DE NADA.
ISENTOS DE TUDO.
PASCENDO AURAS CLARAS
LIVRES E ABSOLUTOS.
NOS CAMPOS DE PRATA.
DOS TÚMULOS FUNDOS.

NO MEIO DAS ÁGUAS.
DAS PEDRAS. DAS NUVENS,
VERÃO AS PALAVRAS:
ESTRÊLAS DE CHUMBO.
ROCHÊDOS DE CHUMBO.

ADEUS. VELHAS FALAS
E ANTIGOS ASSUNTOS!

C E C I L I A M E I R E L E S

ilustração de FAYGA OSTROWER

OFÉLIA

CRISTAL E AÇO DA TARDE
IRIS D'ÁGUA COR DO TEMPO,
QUE ROSTO PERDI NA ÁGUA
QUE PERFIL PERDI NO VENTO.

NUNCA A FIGURA DO SONHO
ME PARECEU TÃO VELADA:
VEJO SÓ A MEIA-LUA
DA SUA NUCA INCLINADA.

EDIFÍCIO D'ÁGUA E SOMBRA
QUE EU FUGINDO DESMANCHAVA
E EM MEUS CABELOS AO SUL
GUIRLANDAS SE DESFOLHAVAM.

DEIXAI-ME AFUNDAR NAS FRIAS
SOLIDÕES DE JUNCO E MÁGUA,
E DOS PÁSRAROS AUSENTE
REPOUSAR A SOMBRA D'ÁGUA.

MARIA DA SAUDADE CORTESÃO

Ilustração de FAYGA OSTROWER

QUANDO EU MORRER...

QUANDO EU MORRER QUERO FICAR,
NÃO CONTEM AOS MEUS INIMIGOS,
SEPULTADO EM MINHA CIDADE,
SAUDADE.

MEUS PÉS ENTERREM NA RUA AURORA
NO PAISSANDU DEIXEM MEU SEXO,
NA LOPES CHAVES A CABEÇA
ESQUEÇAM.

NO PÁTIO DO COLÉGIO AFUNDEM
O MEU CORAÇÃO PAULISTANO:
UM CORAÇÃO VIVO E UM DEFUNTO
BEM JUNTOS.

ESCONDAM NO CORREIO O OUVIDO
DIREITO, O ESQUERDO NOS TELÉGRAFOS
QUERO SABER DA VIDA ALHEIA,
SEREIA.

O NARIZ GUARDEM NOS ROSAIS,
A LÍNGUA NO ALTO DO IPIRANGA
PARA CANTAR A LIBERDADE.
SAUDADE...

OS OLHOS LÁ NO JARAGUÁ
ASSISTIRÃO AO QUE HÁ-DE VIR,
O JOELHO NA UNIVERSIDADE,
SAUDADE...

AS MÃOS ATIREM POR AÍ,
QUE DESVIVAM COMO VIVERAM,
AS TRIPAS ATIREM PRO DIABO,
QUE O ESPÍRITO SERÁ DE DEUS
ADEUS.

MARIO DE ANDRADE

Ilustração de FAYGA OSTROWER

SONETO

ESTOU SENTADO SÔBRE A MINHA MALA
NO VELHO BERGANTIN DESMANTELADO...
QUANTO TEMPO, MEU DEUS, MALBARATADO
EM TANTA INÚTIL, MISTERIOSA ESCALA!

JOGUEI A MINHA BÚSSOLA QUEBRADA
ÀS ÁGUAS FUNDAS... E AFINAL SEM NORTE,
COMO O VELHO SINDBAD DE ALMA CANSADA
EU NADA MAIS DESEJO, NEM A MORTE...

DELÍCIA DE FICAR DEITADO AO FUNDO
DO BARCO, A VOS OLHAR, VELAS PARADAS!
SE EM TÔDA PARTE É SEMPRE O FIM DO MUNDO,

PRA QUE PARTIR? SEMPRE SE CHEGA ENFIM...
PRA QUE SEGUIR EMPÓS DAS ALVORADAS
SE, POR SI MESMAS, ELAS VÊM A MIM?

MARIO QUINTANA

Na imprensa, uns poucos anos depois, ainda se encontrava a discussão, de que se pode tomar um exemplo positivo. No artigo "Alguns problemas da arte abstrata", publicado em 8 de junho de 1957 no Suplemento Literário de *O Estado de S. Paulo*, em que faz a defesa do abstracionismo, Flávio de Aquino também apresenta um exemplo das atitudes avessas à "novidade". Assim, diz ele: "Hoje, cabe à Abstração o título de movimento revolucionário e jovem. Somente a Abstração é força ativa, cheia de novas energias e capaz de fecundos contactos e amplas influências"; a arte abstrata teria "um caráter de arremate final nos últimos 60 anos de história da arte", e o caminho para a abstração era inevitável. Mas o artigo começa pela citação de um comentário de Portinari extraído do livro de Antonio Callado consagrado ao pintor: "Arte abstrata é como a gente pedir a um engenheiro uma ponte para atravessar um rio e receber uma página cheia de cálculos. A gente quer é a ponte." Flávio de Aquino refere explicitamente o menosprezo pela arte abstrata por parte de Portinari, que diria: "A pintura vai acabar". E aqui reencontramos aquele ambiente a que Fayga se referia em seu depoimento.

Mais ou menos na época desse artigo, no mesmo Suplemento Literário de *O Estado de S. Paulo*, são publicados alguns trabalhos de Fayga, em 12 de janeiro de 1957, 15 de março de 1958 e 9 de agosto de 1958. Esses trabalhos — abstratos — aparecem nos sumários das respectivas edições do jornal de forma autônoma, ou seja, sem estar relacionados com quaisquer dos textos publicados. É possível depreender que os trabalhos visuais publicados como ilustração de algum texto não eram relacionados no sumário; neste eram relacionados apenas os trabalhos visuais que tinham autonomia. Esse dado pode parecer um detalhe, mas introduz uma distinção que, estabelecida no Suplemento Literário, se revelará, de certo modo, presente também no próprio andamento da produção de Fayga Ostrower.

O Suplemento Literário de *O Estado de S. Paulo*, um dos mais importantes na história da cultura brasileira, foi criado em 1956 por Antonio Candido e dirigido por Décio de Almeida Prado até 1966, quando então o projeto foi modificado. Tendo em vista a participação de nomes como Lourival Gomes Machado e Paulo Emilio Salles Gomes, o suplemento estava estreitamente ligado ao grupo que havia criado, no início da década anterior, a revista *Clima*. Grandes nomes da literatura e da crítica literária, de cinema, de música e de artes plásticas colaboraram no suplemento. Entre os artistas plásticos — com trabalhos tanto abstratos como figurativos — que colaboraram no jornal, encontram-se Fernando Lemos, Marcello Grassmann, Antonio Lizárraga, Aldemir Martins, Darcy Penteado, Rossini Perez, Clovis Graciano, Sérvulo Esmeraldo, Wesley Duke Lee, Maria Leontina, De Lamonica e Anna Letycia.

Nessa mesma época, Fayga colaborava também no jornal *Para Todos* — que havia retomado o título de uma revista criada em 1919 por Alvaro Moreyra, voltada em especial para o cinema e cuja circulação se interrompera em 1932. O novo jornal, ligado a intelectuais comunistas, era um quinzenário cultural, criado em 1955 por Jorge Amado, Oscar Niemeyer e Moacir Werneck de Castro, figurando o primeiro como diretor. O jornal publicava regularmente ilustrações, tendo entre seus colaboradores Darel, Darcy Penteado, Percy Deane, Clovis Graciano, Vera Tormenta, Percy Lau, Iberê Camargo, Goeldi e Marcello Grassmann. Fayga colabora com uma ilustração para poemas de Sergio Milliet. Além disso, colabora também com textos, como "Do caderno de notas da IV Bienal", publicado no número da primeira quinzena de outubro de 1957, em que fazia uma apreciação dos trabalhos expostos. Antes ainda, no número da primeira quinzena de outubro de 1956, publicou o artigo "Firmino Saldanha", em que apresenta como uma das razões para abordar a obra do artista o fato de "considerar sua obra significativa para o desenvolvimento da arte abstrata no Brasil". A questão é tão significativa para a própria Fayga que, embora não se transforme num critério de avaliação, como ela própria faz questão de ressaltar, é aspecto forte de sua reflexão. Assim, numa entrevista concedida a Anna Letycia, e estampada no *Para Todos* da primeira quinzena de dezembro de 1956, fala sobre sua passagem para a abstração, mas chamando a atenção para que não se deve criar uma oposição que fosse base exclusiva para algum critério de avaliação. Nessa entrevista — intitulada "Álbum de Fayga", pois foi feita a propósito do lançamento de um álbum de gravuras —, há vários dados, como a referência às gravuras para *O cortiço* como sendo "as primeiras gravuras que fez" e que a ocuparam por um ano.

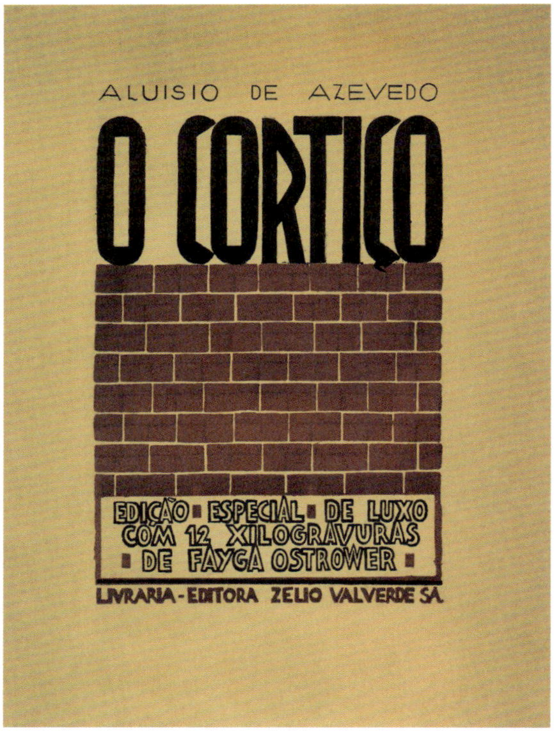

Em seu artigo sobre a artista, Murilo Mendes estabelecia duas distinções que têm interesse quando se acompanha o trabalho de Fayga. Na primeira delas, observa que "tendo também se dedicado ao desenho para tecidos, enfrenta Fayga o problema de separar nitidamente as áreas da sua criação". No tocante ao trabalho de gravura, essa observação talvez pudesse ser considerada desnecessária, mas seria pertinente no caso dos trabalhos de projeto gráfico, os quais ainda que indiretamente são assim lembrados no texto. A outra distinção ocorre quando o texto diz: "Eis um universo não literário, que exclui o assunto e o episódio". Essa observação, feita a propósito de trabalhos abstratos, acaba por de certo modo propor uma questão quando se pensa em ilustração ou, mais amplamente, em termos de trabalhos que acompanham um texto. Pode-se supor que a observação de Murilo

15
Capa da edição especial de *O cortiço*, de Aluísio Azevedo (Rio de Janeiro: Zelio Valverde, 1948; 27 x 20,5 cm, 352 páginas). Foi o primeiro livro ilustrado por Fayga. Os estudos de gravuras para essa obra datam de 1944-1945.

16-17
Páginas do livro, com as ilustrações do primeiro e do sexto capítulos.

ALUISIO DE AZEVEDO

arranco de corpo inteiro, com um soluço gutural e estrangulado, arquejante e convulsa, estatelou-se num abandono de pernas e braços abertos, a cabeça para o lado, os olhos moribundos e chorosos, tôda ela agonizante, como se a tivessem crucificado na cama.

A partir dessa noite, da qual pela manhã o Miranda se retirou do quarto da mulher, estabeleceu-se entre êles o hábito de uma felicidade sexual, tão completa como ainda não a tinham desfrutado, posto que no íntimo de cada um persistisse contra o outro a mesma repugnância moral em nada enfraquecida.

Durante dez anos viveram muito bem casados; agora, porém, tanto tempo depois da primeira infidelidade conjugal, e agora que o negociante já não era acometido tão freqüentemente por aquelas crises que o arrojavam fora de horas ao dormitório de Dona Estela; agora, eis que a leviana parecia disposta a reincidir na culpa, dando corda aos caixeiros do marido, na ocasião em que êstes subiam para almoçar ou jantar.

Foi por isso que o Miranda comprou o prédio vizinho a João Romão.

A casa era boa; seu único defeito estava na escassez do quintal; mas para isso havia remédio: com muito pouco compravam-se umas dez braças daquele terreno do fundo, que ia até à pedreira, e mais uns dez ou quinze palmos do lado em que ficava a venda.

Miranda foi logo entender-se com o Romão e propôs-lhe negócio. O taverneiro recusou formalmente.

Miranda insistiu.

— O senhor perde seu tempo e seu latim! retrucou

— 20 —

ALUISIO DE AZEVEDO

Iam fazer comentários sôbre o caso, mas a Rita, voltando-se para o outro lado, gritou :

— Olha o velho Libório ! Como está cada vez mais duro !... Não se entrega por nada o demônio do judeu !

E correu para o lugar, onde estava, aquecendo-se ao belo sol de abril, um octogenário, sêco, que parecia mumificado pela idade, a fumar num resto de cachimbo, cujo pipo desaparecia na sua bôca já sem lábios.

— Ê ! ê ! fêz êle, quando a mulata se aproximou.

— Então ? perguntou Rita, abaixando-se para tocar-lhe no ombro. Quando é o nosso negócio ?... Mas você há de deixar-me primeiro abrir o baùzinho de fôlha !...

Libório riu-se com as gengivas, tentando apalpar as coxas da Baiana, por caçoada, afetando luxúria.

Todos acharam graça nesta pantominice do velhinho, e então, a mulata, para completar a brincadeira, deu uma volta entufando as saias e sacudiu-as depois sôbre a cabeça dêle, que se fingiu indignado, a fungar exageradamente.

E entre a alegria levantada pela sua reaparição no cortiço, a Rita deu conta do que pintara na sua ausência; disse o muito que festou em Jacarepaguá; o entrudo que fizera pelo Carnaval. Três meses de folia ! E, afinal, abaixando a voz, segredou às companheiras que à noite teriam um pagodinho de violão. Podiam contar como certo !

Esta última notícia causou verdadeiro júbilo no auditório. As patuscadas da Rita Baiana eram sempre as melhores da estalagem. Ninguém como o diabo da mulata para armar uma função que ia pelas tantas da ma-

— 88 —

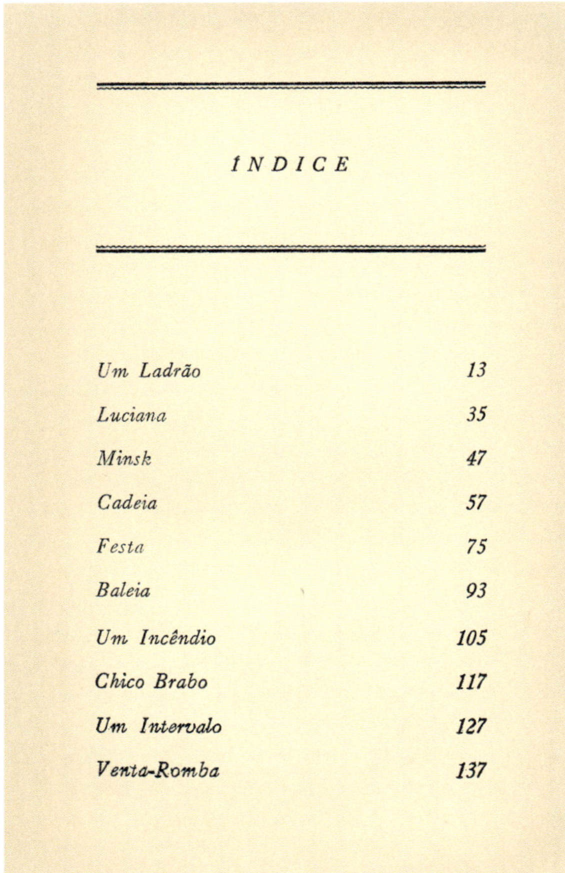

ÍNDICE

Um Ladrão	13
Luciana	35
Minsk	47
Cadeia	57
Festa	75
Baleia	93
Um Incêndio	105
Chico Brabo	117
Um Intervalo	127
Venta-Romba	137

Mendes tivesse como referência os trabalhos figurativos. Não sendo, porém, tomada em sentido estrito e literal, pode ser vista como uma indagação no caso de trabalhos não figurativos que se relacionam com textos literários. O trabalho de Fayga propõe encaminhamentos para a questão, na medida em que nele são encontradas diferentes situações.

Entre as produções mais antigas de Fayga, como já referido, encontram-se as gravuras para ilustrar o romance de Aluísio Azevedo, que são datadas de 1944. Doze delas vieram a sair na "Edição especial de luxo com 12 xilogravuras de Fayga Ostrower", publicada no Rio de Janeiro em 1948 pela editora Zelio Valverde. Essa editora, de propriedade do jornalista Zelio Valverde, funcionou no Rio de Janeiro nas décadas de 1930 e 1940, com um grande e importante catálogo de literatura brasileira. Ao referi-la em seu *O livro no Brasil*, Laurence Hallewell menciona que "sua edição de *O cortiço*, de Aluísio Azevedo, lançou Fayga Ostrower como ilustradora de livros",[4] afirmação que deve ser relativizada, pois na verdade é esporádico seu trabalho na área do livro, muito distante da atuação regular de artistas como Poty ou Luís Jardim.

Do ano seguinte, 1945, são datados os conjuntos de gravuras para a peça teatral *Deus lhe pague*, de Joracy Camargo, para o romance *Fontamara*, de Ignazio Silone, e para a reunião de contos *Histórias incompletas*, de Graciliano Ramos. Esse volume — uma coletânea que inclui, por exemplo, alguns capítulos de *Vidas secas* — saiu em 1946 por uma das melhores e mais importantes editoras brasileiras, a antiga Globo de Porto Alegre, com apenas uma das gravuras, estampada na capa, conforme esta indicação: "Capa com desenho de Fayga Ostrower". Não se tem notícia da publicação dos conjuntos das gravuras — da série para *Fontamara* foram publicadas duas das xilogravuras, em 6 de julho de 1947, acompanhando uma pequena nota intitulada "Novos artistas – Fayga Ostrower", no suplemento literário *Letras e Artes*. A nota, além de referir a contribuição já frequente de Fayga na imprensa, salienta: "Aluna do curso de artes gráficas da Fundação Getúlio Vargas, foram os seus trabalhos dos que mais se destacaram na recente mostra na ABI, promovida por aquela instituição". Assim, não é apenas a natureza de todos esses trabalhos que permite ligá-los à formação de Fayga, mas também uma série de referências a essa formação e de dados cronológicos. Além disso, teve sem dúvida papel importante na realização dessas gravuras o fato de se relacionarem com obras literárias de caráter realista, cuja escolha já é por si significativa das concepções que orientavam os trabalhos.

18-19
Capa e sumário de *Histórias incompletas*, de Graciliano Ramos (Rio de Janeiro/Porto Alegre/São Paulo: Livraria do Globo, 1946; 19×12 cm, 152 páginas). A edição reuniu contos de *Dois dedos* (1945), o inédito "Luciana", capítulos de *Vidas secas* (1938) e de *Infância* (1945).

20-21
Dois estudos de gravura para o livro.

O Ladrão - grac. Ramos I
1945

O Ladrão - Graciliano Ramos
III F. OSTROWER 45

22-23
Dois estudos de gravura para *Histórias incompletas*. No alto, o que foi reproduzido na capa do livro.

24
Outro estudo para a mesma obra.

Em 1947, aparecem ilustrações de Fayga no volume *10 histórias de bichos*, publicado no Rio de Janeiro pelas Edições Condé, editora de João Condé, criada em 1945 e que publicou alguns livros especiais, como, além do já referido, *10 poemas em manuscrito*. João Condé e seus irmãos José e Elísio fundaram um importante e duradouro jornal literário, o *Jornal de Letras*, criado em 1949. Numa tiragem de 220 exemplares, em cadernos soltos, *10 histórias de bichos* tem texto de apresentação de Carlos Drummond de Andrade e reúne contos de Godofredo Rangel, Graciliano Ramos, João Alphonsus, Guimarães Rosa, J. Simões Lopes Neto, Luís Jardim, Maria Julieta, Marques Rebelo, Orígenes Lessa e Tristão da Cunha. Integravam o volume como ilustradores, além de Fayga, Axl Leskoschek, Di Cavalcanti, Eros Gonçalves e Santa Rosa. A participação de Fayga consiste em três ilustrações para o conto de J. Simões Lopes Neto e duas para o de Tristão da Cunha.

Algumas gravuras das já mencionadas e nas quais aparece o título da obra literária (possíveis folhas de rosto ou capas) constituem também um exercício gráfico que aponta para um outro setor em que Fayga também atuou, a realização de capas de publicações. Ainda na mesma década, encontra-se o trabalho para a capa do número 18 (maio de 1948) da revista curitibana *Joaquim*. Dirigida por, entre outros, Dalton Trevisan, a revista teve 21 números entre abril de 1946 e dezembro de 1948. Entre seus ilustradores, destacava-se, sobretudo pela frequência, Poty, mas a revista contou também com a colaboração, por exemplo, da gravadora Renina Katz, que fez parte de sua redação. Nesse caso, como no de alguns livros (*Histórias incompletas* fazia parte de uma coleção com capa padronizada), há sobretudo a publicação de um trabalho de Fayga, inserido num projeto já existente. A situação será diferente mais tarde um pouco, quando a artista cria capas para as edições anuais do *Almanaque Correio da Manhã*, entre 1955 e 1961. Aqui, porém, não se trata de obra literária. O almanaque, em forma de livro, era um tipo de publicação que vários jornais tinham desde o século anterior. Além de muita publicidade, apresentava curiosidades variadas e informações úteis, como fusos horários do Brasil, seus pontos mais altos, conversão de quilos em libras, e uma espécie de resumo histórico e econômico do ano transcorrido.

Ainda na década de 1940, Fayga publicaria ilustrações no suplemento literário de *O Jornal* e em *Letras e Artes*. No primeiro, ilustrou, por exemplo, o poema "Finados", de Murilo Mendes (2 de novembro de 1947), e o conto "A lua", de Murilo Rubião (18 de janeiro de 1948). No segundo, a colaboração incluiu ilustração para o conto "Os mortos", de Lygia Fagundes Telles (29 de junho de 1947), para o poema

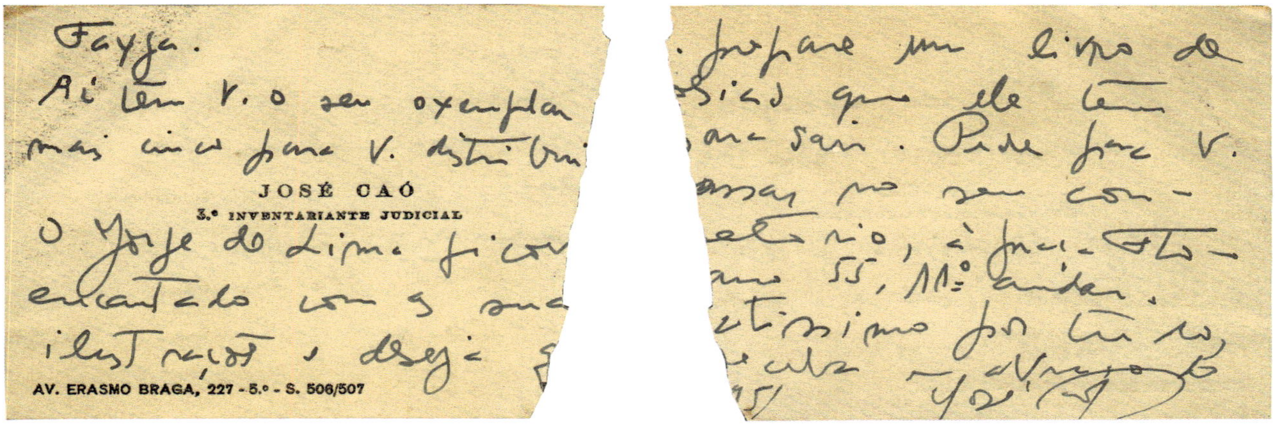
JOSÉ CAÓ
3.º INVENTARIANTE JUDICIAL
AV. ERASMO BRAGA, 227 - 5.º - S. 506/507

"Cantata", de Cecília Meireles (18 de abril de 1948), e para o poema "Ofélia", de Maria da Saudade Cortesão (19 de dezembro de 1948). *Letras e Artes*, suplemento literário do jornal *A Manhã*, foi criado em 1946, quando o periódico, portanto, já havia passado pelas reformulações a que se viu submetido com o fim do período getulista, de que havia sido praticamente órgão oficial. Chegou-se a considerar que o *Letras e Artes* era o verdadeiro responsável pelo sucesso de *A Manhã*, o que dá a medida da importância e da repercussão que um suplemento literário já pôde ter. Praticamente todos os grandes nomes da literatura brasileira da época colaboraram no suplemento. E entre os artistas plásticos, podem ser mencionados Lívio Abramo, Athos Bulcão, Iberê Camargo, Goeldi, Luís Jardim e Yllen Kerr.

Em 1951, Fayga, que já havia ilustrado vários poemas, ilustra pela primeira vez todo um livro de poemas, *Poesias*, de José Caó. O livro talvez só tenha importância pelo trabalho de Fayga, que, no âmbito do projeto gráfico, também desenhou as letras capitulares dos poemas. Relacionado com esse livro, um pequeno bilhete preservado no arquivo da artista, apesar de parcialmente danificado, constitui um singular testemunho de sua atividade como ilustradora. Trata-se de um bilhete de José Caó para Fayga, em que ele lhe agradece as ilustrações e refere que Jorge de Lima, que havia ficado encantado com elas, estava preparando um livro de poesias e pedia à artista que fosse vê-lo em seu consultório (Jorge de Lima era médico). Em 1952, sai publicado, com "capa e ilustrações de Fayga Ostrower", o longo poema de Jorge de Lima, *Invenção de Orfeu* (pela Livros de Portugal, pequena editora cujo proprietário, o português António Augusto de Sousa-Pinto, tinha em Portugal a editora Livros do Brasil). Se antes, no caso de poesia, as ilustrações eram ligadas a um poema ou a um pequeno conjunto de poemas, agora, sobretudo em *Invenção de Orfeu*, lidam com textos mais longos, pois estão no início de cada um dos extensos cantos do poema. Assim, são naturalmente menos localizadas em relação ao texto. Deixando a ficção realista, o trabalho de Fayga, no momento dessa associação mais alentada com a poesia, está também a meio caminho da abstração.

25
Ilustração de 1947 para a capa da revista curitibana *Joaquim* (n. 18, 1948).

26
Bilhete de José Caó a Fayga comunicando o interesse de Jorge de Lima em publicar livro de poemas com ilustrações da artista: "Fayga, aí vai o seu exemplar, mais cinco para você distribuir. O Jorge de Lima ficou encantado com suas ilustrações e deseja que você prepare um livro de poesias que ele tem para sair. Pede para você passar no seu consultório, à praça Floriano, 55, 11° andar. Gratíssimo por tudo, receba um abraço do José Caó. 1951."

JORNAL LITERARIO

UM CONCURSO DE LITERATURA INFANTIL

Valdemar CAVALCANTI

UMA das mais antigas e mais sólidas editoras brasileiras acaba de organizar um concurso de literatura infantil, para escolha de três boas obras, destinadas à sua numerosa clientela de menoridade. Segundo as respectivas bases, êsse concurso visa a oferecer uma oportunidade a autores novos e a estimular-lhes o gôsto pelos temas brasileiros, visto como só interessam ao certame as narrativas sôbre temas e personagens peculiares ao nosso meio. Os originais deverão ter, pelo menos, oitenta páginas datilografadas, no máximo cento e vinte, e serão recebidos com a inscrição até o dia 30 de abril. E mais: haverá três prêmios — um de Cr$ 15.000,00, outro de Cr$ 7.500,00 e o terceiro de Cr$ 5.000,00.

Até aí, tudo muito bem. Uma excelente iniciativa, com objetivos que só nos podem merecer aplausos. Mas acontece que a editora estabeleceu, no regulamento do concurso, uma condição extravagante: os direitos autorais correspondentes às obras premiadas passarão à propriedade da empresa. Ainda achando pouco, estipulou que se reservará o direito de selecionar, dentre os originais apresentados, os que lhe interessarem, a fim de editá-los, mediante os contratos usuais.

Não é a primeira vez que me refiro a concursos dessa natureza. Constituem, na verdade, processos [illegible] e até [illegible] de peneiramento de obras literárias, com prêmios à primeira vista atraentes, mas cuja expressão material corresponde, mais ou menos, à quota obrigatória dos direitos de autor. No caso, porém, de tal concurso de literatura infantil, verifica-se coisa muito pior: os candidatos vencedores serão sumariamente despojados daqueles direitos. Sujeitando-se a semelhantes provas, êles se colocarão na situação de pais infelizes, obrigados pelas circunstâncias a enjeitar os filhos — às vezes os filhos diletos, os de sua melhor afeição. A editora, assim, institui um regime de servidão literária, que não é mais do nosso tempo. Por uns ralos milhares de cruzeiros, incorpora sem remorsos ao seu patrimônio algumas obras que, bem exploradas, lhe darão rendimento certo.

Se existem prêmios nesse concurso, quem os tira não é o pobre do autor, mas o editor, que se faz herdeiro. O autor que se contente com a glória e os retalhos de ilusão e fantasia das suas histórias de trancoso, enquanto o editor manhosamente passa um belo conto do vigário.

ROGER Martin du Gard, um dos maiores escritores franceses contemporaneos, tem publico certo no Brasil. Sua obra-prima, que é "Os Thibault" — romance de larga envergadura — foi traduzido por Casimiro Fernandes e lançado pela Livraria do Globo em sua Coleção Nobel Gigante. Ainda agora saiu a segunda edição dêste belo livro, em três volumes.

Estudos de Sociologia

NO segundo número da revista "The Social Sciences in Mexico and South and Central America", que se edita no Mexico, sob a direção do prof. Lucio Radvanyi, foi publicado um estudo do sociólogo brasileiro Mário Lins sôbre o futuro da sociologia como ciência. Entre outros artigos interessantes, há o de Benjamin Barriga Vásquez sôbre a ação das Missões Culturais no interior do Mexico.

REEDIÇÕES DE ERICO VERISSIMO

COINCIDIU com o lançamento, nos principais cinemas do país, do filme argentino "Olhai os Lirios do Campo", o aparecimento da 13.ª edição do romance de Erico Verissimo, do qual foi extraído o enredo da película, e da 3.ª edição do romance Saga, que atingiu agora a tiragem de 38 milheiros. O Olhai os Lirios do Campo está sendo vendido quase como uma novidade literária, tendo completado a tiragem de 82.000 exemplares. Aliás, já apareceu do mesmo livro uma edição em Portugal, com alguns dialogos "aportuguesados".

Problemas do Livro

FALANDO a um reporter, o editor José de Barros Martins declarou que o grande perigo atual para a industria editorial brasileira é o livro argentino, que não paga direitos alfandegários. Acha êle que é preciso, quanto antes, não opor barreiras à entrada de livros argentinos, mas sim criar condições vantajosas para o produto nacional, a fim de que o nosso livro fique no mesmo pé de igualdade dos que vêm da grande República do Prata.

RILKE EM PORTUGUÊS

CECILIA MEIRELES, poetisa maior, chamou a si a tarefa de traduzir Rilke para uso de leitores brasileiros e portugueses. E poucos poderiam fazer o que ela fez com esse admirável livro de poesia que é A CANÇÃO DE AMOR DO PORTA-ESTANDARTE CRISTOVÃO RILKE, lançado em edição de luxo, no fim do ano de 1947, pela "Revista Acadêmica". Uma bela edição, com ilustrações de Arpad Szenes, à altura do texto, que é dos mais ricos de substância lírica. A poetisa brasileira fez por onde conservar intactas a fôrça e a tonalidade da poesia de Rainer Maria Rilke, empregando todos os recursos do seu artesanato poético.

O ÚLTIMO ROMANCE DE ANDRE MAUROIS

NINGUEM contesta, na França, o talento de André Maurois, mas à sua vocação de romancista são feitas certas restrições. É o que diz, com agudo senso crítico, Daniel Villey, em artigo distribuído entre nós pelo Serviço Francês de Informações e do qual podemos dar em primeira mão breve resumo. O último romance de Maurois — Terre Promise — nada acrescenta à sua bagagem literária.

Maurois

Focaliza meio século da vida francesa, desde a dominação do Coronel Fargeaud no momento dos Inventários até o êxodo de 1917, através dos segredos diplomáticos de 1914. O romance é o de Claire, filha do Coronel Fargeaud, criada na roça por uma mãe bem burguesa e uma governanta inglêsa e puritana, cheia de ódio às contingencias da carne. Claire aspira à terra prometida da "courtisane". E o destino insensìvelmente a conduz através mil contradições e combates, ao último caminho. Vive atormentada entre o horror carnal do homem e o desejo apaixonado de viver um grande amor.

Diz Villey, porem, que Maurois descreve suas personagens com incontestavel exatidão, mas não parece vivê-las nem consegue que nós as vivamos. "Nenhuma virtuosidade de analista pode substituir, no romancista, o gênio criador" — escreve êle. — "Mais de uma mulher há de se apaixonar por esse romance, pensando reconhecer a si mesma em certos gestos de Claire, ou em certas frases de seu jornal. Maurois pinta as mulheres não como são nem como deveriam ser, mas sim como elas gostam de se imaginar — o que lhe vale sucessos algo faceis".

NOTAVEL RELATÓRIO

FOI bom que a Editora Nacional incorporasse à sua Brasiliana, tão útil à cultura brasileira, o Relatório da Comissão Exploradora do Planalto Central do Brasil, da autoria de Luiz Cruls, cientista patrício a quem coube, nos primeiros anos da República, a chefia do grupo indicado para escolher e delimitar, no Brasil central, a área para onde deveria ser transferida a Capital do país. O trabalho é de 1894 e é, no entanto, atualíssimo. A edição original tornara-se rara e a reedição de agora aparece no momento em que o plano de deslocamento da Capital Federal para o interior se encontra na ordem do dia. Curioso é que, segundo dizem, convergem as opiniões dos técnicos para a escolha do retângulo que, no Planalto Central, foi indicado como o local melhor para a instalação da cidade-sede do governo do país. O Relatório contém um apreciavel elenco de informações de ordem cientifica sôbre a região que, malgrado sua riqueza e excelentes condições climáticas, tem permanecido quase no abandono, mas que, de um momento para outro, poderá vir a ter um papel de relevo na vida do Brasil, desde que para lá seja transferida a Capital do país. [illegible] Um dia [illegible]: "Je voudrais être reine, ou sainte, ou courtisane".

BIOGRAFIAS

AGRADAM imenso ao publico brasileiro as biografias sintéticas de Henry Thomas, que sabe extrair de cada vida humana o que há de mais atraente e caracteristico. Não são nunca estudos exaustivos, mas pequenas e palpitantes narrativas. A Livraria do Globo já lançou em português, com êxito, as Vidas de Estadistas Famosos e os volumes correspondentes aos Grandes Filósofos, Grandes Compositores e Grandes Pintores, estando programados para êste ano os volumes relativos aos grandes romancistas, aos grandes capitães da fé, aos estadistas americanos, aos homens famosos do mundo inteiro, aos grandes cientistas e aos poetas imortais.

CONCURSO DO IBECC

NO fim dêste ano será realizado o concurso, aberto pelo Instituto Brasileiro de Educação, Ciência e Cultura, para a escolha do melhor livro, inédito, de autor brasileiro ou português, sôbre as relações e influências reciprocas das literaturas brasileira e portuguesa. Os originais, que deverão ter pelo menos 400 páginas datilografadas, serão apresentados entre 1 e 30 de novembro e julgados por uma comissão de cinco membros daquela entidade. O prêmio será de vinte mil cruzeiros, resguardados, porém, os direitos autorais.

CENSURA

SEGUNDO telegramas procedentes de Berlim, foi proibida pelas autoridades norte-americanas a leitura de livros de Jack London e Mark Twain nas escolas daquela capital. A proibição é fundamentada na alegação de que nos prefácios e notas dessas obras há propaganda contra as democracias ocidentais.

Ciência e cultura

FOI publicado na França, nas edições Fontaine, um volume completo das conferências realizadas em Paris por ocasião da primeira conferência geral da O. N. U. para a Educação, a Ciência e a Cultura. Destacam-se os seguintes ensaios: de Pierre Bertaux, sôbre o intelectual e a ação; de Sartre, sôbre a responsabilidade do escritor; de André Malraux, sôbre o homem e a cultura artística; de Jean Cassou, sôbre a cultura espanhola; do brasileiro Ozório de Almeida, sôbre a fisiologia do sistema nervoso; e de Julian Huxley, sôbre as condições do progresso.

PERSPECTIVAS DE 1948

JOSÉ Olympio lançou em 1947 cerca de 120 livros no mercado. Dêsses 120, mais da metade foi de autores nacionais — e isso constitui uma caracteristica das atividades desenvolvidas em nosso meio, há longos anos, por aquele editor. E' assim que José Olympio tem trabalhado pela literatura brasileira, dando oportunidade a escritores e poetas de valor, sem distinção de regiões, correntes estéticas ou tendencias politicas. Para 1948, apesar de todas as ameaças que pesam sôbre a industria do livro, ele fez um vasto programa, cujo desenvolvimento interessa à cultura do país. "Deus queira que possamos realizar todo o plano" — declarou-nos José Olympio, que, procurado para falar a respeito, fez questão de referir apenas a sua futura produção de livros de gente nossa.

Serão lançados varios romances: "Um Reformador na Cidade do Vicio", de José Vieira; "Não era a Estrada de Damasco", de Noveli Junior, "Pertença à Alma", de Mário Donato"; "Confissões ao meu Tio Gonzaga", de Luis Jardim; "Mariquinhas Camacho", de Gilberto Amado; "Não há estrelas no Céu", de João Climaco Bezerra; "O Herói Imperfeito", de Nelson Tabajara; "A Grande Cidade", de Edmundo Amaral, e um de Lucio Benedetti, sem titulo ainda. [illegible] as edições revistas de "Raizes do Brasil", de Sérgio Buarque de Holanda, "Memórias de um Senhor d. Engenho", de Julio Belo, e "Problemas Brasileiros", de Cincinato Braga. Livros de ensaios: "Historia Universal da Eloquencia", de Helio Sodré; "Historia Administrativa do Brasil", de Almir de Andrade; "Reflexões sobre a Relatividade", de Carlos Campos, "Os Mundos Magicos", de Nobre de Melo; "Autores e Criticos", de Roberto Alvim Corrêa", "Amigos e Inimigos" do Brasil, "Sol dos Mortos" e "Recordações de um Mundo Perdido", de Agripino Grieco", "Fundamentos Sociais do Estado no Brasil" e "Metodologia do Direito Publico", de Oliveira Viana, e um de obras de caráter educativo, como "Noivos e Esposos" (Problemas do Matrimonio), do Pe. Alvaro Negromonte, e "Como se Pratica a Psicanálise", de Gastão Pereira da Silva, e das reedições de "Grão de Areia" e "A Dansa sobre a Vida", de Gilberto Amado, e de "O Homem — Sua Vida, Sua Educação, Sua Felicidade", de Silva Melo.

José Olympio publicará um livro de crônicas de Rubem Braga, "Um Pé de Milho" — e outro de Rachel de Queiroz, "A Donzela e a Moura Torta". Mais os volumes de reminiscencia de Augusto Frederico Schmidt, [illegible]

CONTO ESTRANGEIRO

BELCIO

Dimitri IVANOV

(Trad. do rumeno de ARAUJO RIBEIRO)

DAS reminiscencias da minha infancia querida, do lar paterno e da minha aldeia, por onde serpeava, em voluptuosos meandros, um ribeirão de aguas marulhantes e encachoeiradas, e em cujas aguas costumavamos brincar — em meio a essa singela cêna domestica, que me sorri com tanta graça e calor, o que se ergue na minha memoria a grande e nobre figura de Belcio, o nosso velho boi...

Depois de haver puxado durante anos e anos o [illegible] e charrúa, com a resignação e o silencio caracteristicos da alma de um boi, vivia êle agora cansado e [illegible]. Meu pai, que o tivera de um vitelo pequenino, conhecia bem a vida de Belcio, que transcorrera toda ela, entre arduos trabalhos, em obediencia ao destino. Queria-lhe papai um bem imenso como a um pioneiro infatigavel, e como a um velho amigo e companheiro... Dêle somente guardava boas recordações, sentindo por Belcio verdadeira amizade revestida de dó e ternura.

Belcio para nada mais servia agora — mas meu papai não quis vendê-lo e nem permitiu que o sujeitassem ao suplicio de outros trabalhos de campo. Aposentara-o... deixando-o viver em liberdade, em paz e [illegible], os seus ultimos e derradeiros dias.

Pobre Belcio!... Que aspecto de martir não tinhas tu, e que olhar! Eras, querido Belcio, o mais soberbo animal da redondeza, — [illegible] como o vale profundo e [illegible], com aquelas tuas desmedidas aspas madreperola erguidas, recurvadas na testa, a modo de uma lira!... Como eras branco e [illegible], meu amado Belcio!

Lembras-te tu, ainda, como ficavas no curral, debaixo do teu "rancho", rodeado de nós, crianças, que te queriamos tanto, tanto?... Fatiavamos-te a testa, acariciando-te, afagando-te, mimando-te... E nós te davamos de comer tambem, e enfeitavamos os teus enormes chifres, embonecando-os de flores mil, de flores sem conta e numero... Por mais ridiculo que o possa parecer, nós chegavamos até a considerar-te como a um "velho parente", um "tio de verdade" talvez... E o melhor de tudo, Belcio carissimo, é que nunca, nunca, te aborrecias com as nossas brincadeiras, ingênuas, amigas e inocentes...

Este nosso camarada de infancia, velho e bonachão, olhava-nos com os seus grandes olhos negros, ternos e enternecidos, vagos e queridos, empapuçados, mansos e cabisbaixos — como se nos quisesse dizer alguma coisa... E nós olhavamos para êle, comovidos e perguntavamos-lhe, num silencio [illegible]:

— Que é, Belcio, hein? Vamos, dize-nos o que é! Será que desejas alguma coisa? Anda, Belcio!...

E o pobre do nosso Belcio abanava filosoficamente a morte, suspirava e mugia, um mugido em surdina, leve e profundo... E depois, suave, muito suavemente, se punha a remoer o capim, embora não tivesse mais um dente que fosse na enorme bôca, sempre a ruminar e sempre manso. As ilhargas de Belcio eram muito encovadas, e os seus ossos tão salientes que mais se pareciam com os aguilhados picos do Stara Planina...

Cêdo, cedinho, Belcio se punha de pé, sacudia o corpo entorpecido pelo descanso da noite, e ia ao rio beber agua. Indiferente a tudo quanto se passava em torno dêle, Belcio caminhava lentamente, serenamente, a cabeça erguida, orgulhoso e convencido, talvez, da grande vida de trabalhos que levara... Tomava êle, então, uns ares magnificos de rei destronado, os flancos muito encurvados, os belos chifres carregados de flores, a grave dignidade da sua pobre figura.

Depois de beber agua no rio, e sem prestar atenção em coisa alguma, Belcio retornava quietamente para o seu lugar, debaixo do "rancho" do curral. A' tardinha, novamente saía sozinho, e sòzinho voltava, sem que ninguem o fizesse sair ou voltar. Belcio nunca se esquecia dos seus pequenos passeios, das suas "voltinhas" para espairecer um pouco, e das quais o povo sabia a hora certa, como se fossem marcadas a relogio...

No verão, Belcio era levado com o grosso do gado para os "retiros" da montanha. Ele, porém, ia muito longe, para os pastos da lombada da serra, internando-se pelas matas. A caminhada era demasiado pesada para Belcio, que, muitas vezes, ficava para trás, voltando tarde da noite. Certa vez, chegou a perder o caminho — passou a noite inteira a procurá-lo nas florestas, indo encontrá-lo, finalmente, no meio da estrada, cansado e abandonado, ofegante. Assim foi que papai decidiu separá-lo do grosso do gado, juntando-o à manada de vacas leiteiras. Não iam estas muito longe, nem se metiam no mato, não havendo, assim, perigo de se perderem.

No primeiro dia, Belcio não quis ir com as vacas, trapaceiras e velhacas; voltando, todo ofendido no seu orgulho de boi, pouco antes de deixar a aldeia. O vaqueiro tudo fez para reconduzi-lo, mas em vão: Belcio postou-se em atitude agressiva, apontou-lhe os enormes chifres, urrou furiosamente, mas de tal maneira que o vaqueiro, receoso, desistiu, deixando Belcio em paz. No segundo dia, depois de uns tantos caprichos e birras, foi-se Belcio com as vacas, mas voltou antes do meio dia, o seu orgulho quebrado: — as vacas, de caudas erguidas e recurvadas, corriam, pulavam e cabriolavam, pisando o rabo e o casco com o misero do Belcio, chegando a machucá-lo e feri-lo na sua dignidade...

Depois de mais alguns dias, vencida estava a resistencia de Belcio, que, agora, obedecia ao destino com a resignação de um filosofo...

Belcio era muito popular, e o povo apinhava-se à sua passagem e gostava de vê-lo ir junto com as vacas leiteiras. Quando estas, tocadas pelos "campeiros" se sumiam na estrada, numa nuvem de pó, acompanhava-as Belcio, de longe, como um mestre-escola aos seus discipulos... [illegible], de quando em vez, contra alguma vaca mais desabusada e mostrando-lhe os pontudos chifres.

De manhã, cedinho, mal ouvia a voz e os gritos dos "campeiros", Belcio se punha fora do "rancho", no meio do curral, olhando contemplativamente os pastos verdes, onde o sol começava a secar as gotas de orvalho. Longo tempo permanecia Belcio nesta atitude, dirigindo os seus olhares para os campos em que havia puxado a charrúa, e para os prados onde havia pastado quando era mais novo e mais forte.

Como teus olhos humidos e plácidos não se enchiam então, Belcio, de tristeza infinda, saudosos, e sem se cansarem!...

Que poderia passar-se nessa tua grande alma, humilde e tranquila, querido Belcio?

Um dia, o nosso velho boi apareceu doente. Não saira do "rancho" nem ficára na "mangueira" contemplando os campos e as pastagens. Deixára-se ficar no seu cantinho, o corpo inchado, o pêlo arrepiado, tremendo de fome e frio, os olhos injetados... Lia-se nêles muito sofrimento. Nós cobrimos Belcio com velhas cobertas e sacos de aniagem, e lhe preparamos "cama" nova. Demos de beber e comer, mas Belcio em nada tocou. Trouxemos-lhe agua da fonte: Belcio voltou-se para o balde, mas logo se virou para o outro lado, ofegante e enfastiado. O ferreiro da aldeia, que tambem fazia às vezes de veterinario, foi chamado. Examinou Belcio, puxou-lhe a cauda e as orelhas, levantou-lhe as palpebras, e, finalmente, com um tubo, introduziu-lhe nas ventas um pó, negro e ardente. Belcio, meio morto, continuava a não comer. Ficou magrissimo. Quando começou a alimentar-se de novo, mal se sustinha de pé.

Era um belo dia de primavera, dia santo de guarda. O povo, alegre e em trajes domingueiros, voltava da igreja. No nosso jardim, as velhas [illegible] estavam carregadas de botões de flores, debruçadas umas sobre as outras, [illegible] à maneira de velhos que [illegible] o casamento de gente moça... Chovera durante a noite, [illegible] estava fresca e embalsamada. O céu, azul e sereno. O sol [illegible] cheio de esplendores novos, radiantes, sobre as montanhas, como se tambem tivesse ido à igreja e de lá voltado com o povo.

O próprio Belcio apresentava um aspecto mais belo: — contentes e satisfeitos pelo seu restabelecimento, nós, crianças, cobrimos de [illegible] os seus enormes chifres de flores mil — humilimas flores silvestres — [illegible], e outras muitas, muitissimas.

Fizemos-lhe festas e caricias a [illegible] sem conta, tal como outrora o faziamos, e os olhos de Belcio, meio fechados, se enchiam de prazer infinito. De repente, deixou-nos sòzinhos, começou a caminhar e com muito esforço saiu da "mangueira", magnifico e belo como sempre, mais fraco, porém. Queriamos fazê-lo parar. Mamãe a isto se opôs, dizendo-nos que o deixassemos sossegado. Fomos atrás de Belcio, então, seguindo-o de perto, caminho do rio. Gente do povo, que não o via há muito tempo, exclamava:

— Pobre Belcio! Coitado!

Depois de beber agua, lá ficou Belcio longo tempo, o que nunca fizera dantes. Não voltou diretamente [illegible], mas foi para uma "vólta", ao lado, onde os vagalumes brincavam, [illegible] pelo milharal todo "embonecado", e agora ondulante ao sôpro da branda aragem. E as cotovias [illegible], [illegible], pelos valados e pelas velhas [illegible]...

Belcio estacou, de subito, em meio aos campos verdejantes, contemplando-os como a velhos amigos... Oh! os bons tempos de outrora!... De repente, Belcio cambaleou, baqueou por terra, a sua terra tão querida, exalando um profundo suspiro, cheio de tristeza... Alvoroçados, fomos chamar o papai.

Lá estava, Belcio, estendido na beira do campo, a cabeça tua contra a terra florida e abençoada, os teus grandes olhos silenciosos, os teus belos olhos negros, vagos e queridos, plácidos e tranquilos, [illegible] e sofredores, como se tu, querido Belcio, nos quisesses dizer ainda alguma coisa... Sim, os teus olhos, lindos e sem fulgor agora, destilando tanta ternura, muito abertos para o céu azul...

Assim foi que deixou de existir esse velho batalhador, êsse tranquilo companheiro da nossa infancia querida...

No campo que uma vez Belcio arroteára, puxando o arado e a charrúa, e onde deixara cair a pesada cabeça, foi naquele mesmo campo que enterramos o nosso velho boi, numa cova profunda, mesmo como os homens são sepultados...

Sobre essa tumba, colocamos grandes pedras brancas, e na primavera ali crescem as flores, viçosas e belas. E o povo, que tanto gostava do nosso velho boi, chama a êsse isolado recanto de paz a "sepultura de Belcio"...

Todas as vezes que volto ao meu torrão natal, não me esqueço de visitar duas campas queridas: — a sepultura de minha mãe e a de Belcio...

Rio — A' sombra da Pedra da Gávea — Natal de 1947.

Ilustração de Fayga Ostrower

LETRAS FRANCESAS

NA velha revista "Le Mercure de France" está sendo publicada uma bibliografia do existencialismo, organizada por Gutsalya [illegible]

COM L'Institut Giennable — romance de amor de um negro americano por uma jovem branca — a [illegible], Henriette Paroux obteve o Prêmio dos Nove, apenas por um voto contra Stéphane Hecquet, autor de Les Trop Purs.

FORAM recolhidos e apresentados por André Blanchet, em La Perle Noire, nada menos de 700 pensamentos de Paul Claudel, organizados segundo um plano ideológico que recebeu a aprovação do autor.

APARECERAM no ano passado dois interessantes livros de memórias: Bolle, René Micha et Cie, souvenirs d'un chansonnier, de René Devilliers, e Le Film de ma vie, segundo volume da obra autobiográfica do locutor René Lefèvre.

Correio da Inglaterra

APARECERAM em Londres os dois primeiros volumes gigantes da série organizada por Pan Books. O primeiro com os dois deliciosos livros de Lewis Carrol — Alice in Wonderland e Through the Looking-Glass, com 92 ilustrações novas de John Tenniel. O segundo, o belo romance de Charles Morgan — The Fountain.

AINDA e sempre Shakespeare. Um minucioso e lúcido estudo de Hazelton Spencer foi lançado pelo editor Bell — The Art and Life of William Shakespeare, da autoria de Hazelton Spencer.

UMA antologia original foi organizada por Jeremy Scott para o editor Jarrolds, com as melhores páginas de 22 autores, sôbre temas fantásticos, humoristicos, terriveis ou extravagantes. O livro intitula-se: At Close of Eve: An Anthology of New Curious Stories.

EM edição O. U. P., E. K. Chambers lançou um estudo sobre a vida e a obra de Matthew Arnold, apreciando a personalidade do grande poeta.

SHAW E OS LIVROS

PARA Bernard Shaw, nada como um livro encadernado em couro. Se o livro é grande, serve para amolar a navalha; se pequeno, presta-se bem para calçar a mesa de perna curta.

"A Selva" no cinema

VAI ser filmado em Portugal o romance de Ferreira de Castro, A Selva, já traduzido para quinze idiomas e considerado a obra-prima do conhecido escritor luso. Pela primeira vez um livro de Ferreira de Castro é aproveitado para o celuloide.

JORNAL DE POESIA

DISCIPLINA E LIBERDADE

Paulo MENDES CAMPOS

De 1922 até nossos dias a produção nacional de sonetos não foi interrompida. Houve sempre pessoas incapazes de compreender o modernismo que continuaram a escrever poemas dentro das formas antigas. Embora fôsse perfeitamente admissivel uma posição antimodernista argumentada seriamente, no Brasil, até pouco [illegible] anos atrás, os escritores que se recusaram a acompanhar o movimento literário iniciado com os "rapazes de 22" não chegaram a ter uma importancia digna sequer de observação. Isoladamente, seria possivel lembrar um ou outro nome de valor, que tenha permanecido à margem da renovação moderna. Coletivamente, entretanto, as primeiras reações consideráveis surgiram há bem pouco tempo. [illegible] que elas não representavam a vitória tardia dos antimodernistas [illegible], mas que nasceram exatamente entre os moços que [illegible] e [illegible] artística da nossa época. Quando os jovens de hoje começaram a descobrir a literatura eram possuidos de horror por quem fazia sonetos. Agora são eles próprios que escrevem sonetos. Alguma coisa aconteceu.

Seria [illegible] debater o problema técnico da poesia que leva alguns poetas a escrever com determinadas imposições de métrica e rima e outros a escrever sem essa disciplina formal. De ambos os lados pode-se [illegible] criteriosamente. [illegible] de fato: os poetas [illegible] à [illegible] de suas convicções estéticas, estão [illegible] a métrica e à rima. A rigor deveriamos dizer que estão retornando ao soneto. De modo geral, os livros novos trazem poemas de [illegible] sonetos. O soneto fica sendo assim, [illegible] por ser das formas poéticas a mais convencionada, uma [illegible] de símbolo ou [illegible] de uma [illegible] estética que ainda não se caracterizou. Há uma [illegible] tendência para a disciplina; o soneto [illegible] resultado máximo, o que seria ridículo, mas a [illegible].

Quando Vinicius de Moraes publicou suas "5 Elegias", achamos que o livro tornara sem sentido a classificação de "modernista" ou qualquer outra que se pudesse [illegible] para êle. Havia uma enorme liberdade naqueles poemas, mas estávamos diante de versos manejados por um poeta de todo consciente dos multiplos recursos da poesia. Existia ali a [illegible] poética. Aliás, acontecia o mesmo com outros poetas que "ficaram modernistas".

[illegible] agora outro livro de Vinicius de Moraes: "Poemas, Sonetos e Baladas". De certo modo trata-se de uma coleção de poemas bem diferentes das elegias. Podemos, entretanto, encarar esses ultimos poemas de Vinicius de Moraes [illegible]. As "5 Elegias", na sua liberdade exterior, eram uma demonstração das virtudes de equilibrio, ritmo e medida; "Poemas Sonetos e Baladas" é uma demonstração contrária, mas que equivale à primeira, sua obediência à convenção da rima e métrica [illegible] que nos permitissem falar numa renovação da forma antiga. Entretanto, dentro das limitações, Vinicius de Morais movimenta-se com versatilidade extraordinaria. Mais do que obedecer à rima, êle usa da rima; quanto à métrica, sabe desobedecê-la com segurança.

Esse é o aspecto que me parece mais importante revelar em "Poemas, Sonetos e Baladas". Outro seria a linguagem. O método mais honesto de conhecer e explicar um poeta é pela linguagem. A análise do estilo supera ou, pelo menos dela não pode estar separada, a interpretação do pensamento. Peca contra a poesia e insulta o autor o comentarista que extrai as "idéias" de um livro de poema sem ponderar suas caracteristicas de forma e musicalidade. Aqui não temos vagar nem espaço para falar sôbre uma e outra coisa. Diga-se apenas que há nesse livro de Vinicius de Morais uma harmonia entre a linguagem que podemos chamar erudita e a linguagem que vamos chamar de "particular". Podemos caracterizá-las. Nossa linguagem erudita é o resultado da consciência que temos da sintaxe e do léxico português em nossos dias. Não é gramática, naturalmente. E' apenas o conhecimento das palavras e das construções que devemos usar no vernáculo moderno, de maneira tal que a grande maioria dos que falam português reconheça esta linguagem. A linguagem "particular", pelo contrário, é a reação contra a lingua coletiva, as distinções que [illegible]

UMA CANÇÃO DE VINICIUS DE MORAIS

Publicado infelizmente em edição fora do comercio, "Poemas, Sonetos e Baladas" não pode ser conhecido por todos que se interessam por poesia. Alguns de seus poemas foram publicados em jornais e revistas, outros não. Transcrevemos o seguinte:

Não leves nunca de mim
A filha que tu me deste
A doce, úmida, tranquila
Filhinha que tu me deste
Deixa-a, que bem me persiga
Seu balbucio celeste.
Não leves; deixa-a comigo
A primogênita em mim
A fria, seca, incruada
Filha que a Morte me deu
Que vive dessedentada
De leite que não é seu
E que de noite me chama
Com a voz mais triste que há
E pra dizer que me ama
E pra chamar-me de pai.
Não deixes nunca partir
A filha que tu me deste
Afim de que eu não prefira
A outra, que é mais agreste
Mas que não parte de mim.

SOBRE POESIA

"Que é necessário para que se possa falar de prosa artística e, em um sentido restrito e preciso, de uma arte da prosa? E' necessário que se trate as palavras da prosa como se trata as palavras do verso. No verso, a palavra é considerada como materia artística, quer dizer, suscetível de beleza formal. O poeta não trabalha sòmente a expressão para a idéia, visando a uma consciência exata: ele trabalha a palavra por si mesmo, tendo em vista o ritmo e a harmonia.

[illegible]

27-28
Páginas do periódico carioca *O Jornal*, em que Fayga colaborou com ilustrações de 1947 a 1948.

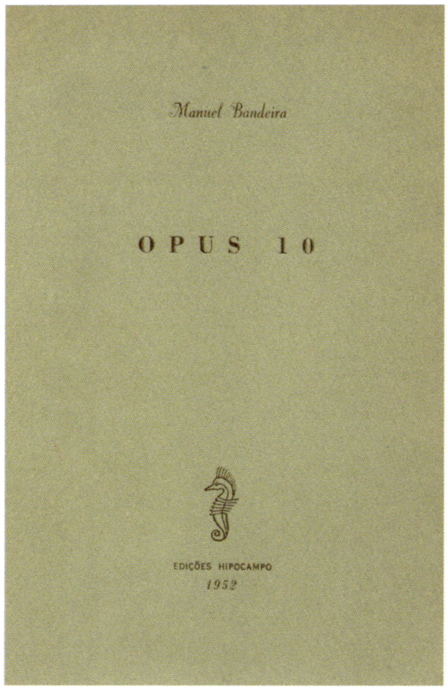

Ainda em 1952, Fayga participa da edição de um livro de Manuel Bandeira. Trata-se do volume *Opus 10*, publicado pelas edições Hipocampo, de Niterói, uma iniciativa dos poetas Geir Campos e Thiago de Mello. A edição teve tiragem de 116 exemplares, impressos em papel Ingres, todos assinados por Manuel Bandeira e Fayga. *Opus 10* inclui o poema "Boi morto", na época objeto de polêmica próxima da que cercou o "No meio do caminho" de Drummond. Foi justamente "Boi morto" o poema escolhido por Fayga para ser ilustrado. A Hipocampo havia publicado no ano anterior uma edição, a primeira, do poema *A mesa*, de Carlos Drummond de Andrade, com ilustração de Eduardo Sued e tiragem de 70 exemplares. No mesmo ano do livro de Bandeira, publicou, sempre em tiragens reduzidas, *Prelúdio e elegia de uma despedida*, de Joaquim Cardozo, com ilustração de José Pedrosa; *As ilhas*, de Jorge de Lima, com ilustração do próprio poeta; e *Madrinha lua*, de Henriqueta Lisboa, com ilustração de Iberê Camargo. Sobre essas edições, Bandeira, em 5 de julho de 1951, escreveu a João Cabral: "Os hipocampos (é assim que chamo o Geir Campos e o Thiago de Mello, que nas suas pegadas estão editando uns livrinhos bonitos imitados dos seus e sob o nome de edições Hipocampo) (...)". Pouco depois, em carta de 28 de novembro de 1951 para o mesmo João Cabral, fala novamente das edições:

O seu belo exemplo de Barcelona (as edições) está frutificando: dois novos de grande talento, o Geir Campos e o Thiago de Mello, fundaram uma editora chamada Hipocampo e compõem eles mesmos em Niterói livros inconsúteis em bom papel e de tiragem limitada, vendida por subscrição. O primeiro, um longo poema, A mesa, *do Carlos Drummond, ficou bonitinho, parece edição João Cabral de Melo.*

João Cabral de Melo Neto editou e imprimiu manualmente em Barcelona, sob o selo editorial de O Livro Inconsútil, uma série de livros, entre os quais em 1948 um de Manuel Bandeira, o *Mafuá do malungo*. A referência um tanto brincalhona à "imitação" não tem muita justificativa, pois esse tipo de publicação naturalmente não era exclusivo de O Livro Inconsútil.

A participação de Fayga em *Opus 10* tem pelo menos dois significados em seu percurso. Primeiro, no livro, em vez de reproduções, as gravuras são originais. É como se houvesse uma mudança de circuito, com a diminuição da colaboração na imprensa e com seu trabalho passando a integrar edições especiais, mais elaboradas, de circulação menor, a mesma circulação da própria gravura. Segundo, de certo modo, são edições que, ao lado de sua importância pela elaboração gráfica, tendem a manifestar a relevância ou o reconhecimento dos autores e artistas publicados. Fayga ainda colaboraria em três publicações desse tipo.

29
Capa de *Opus 10* (Rio de Janeiro: Edições Hipocampo, 1952; 24 × 16 cm, acabamento tipo álbum, com dez cadernos de quatro páginas, sem costura).

30
Água-tinta do livro (a única gravura), inspirada no poema "Boi morto". Todos os exemplares da gravura são numerados (tiragem de 120) e assinados a lápis por Fayga. Ver colofão na imagem 31. [p. 38]

91/120
OSTROWER

Exemplar nº 91
Manuel Bandeira

10

COMPOSTO A MÃO, ÊSTE É O DÉCIMO LIVRO DAS 'EDIÇÕES HIPOCAMPO' E ACABOU DE IMPRIMIR-SE A 5 DE FEVEREIRO DE 1952, EM NITERÓI TIRARAM-SE CENTO E DEZESSEIS EXEMPLARES, EM PAPEL INGRES AUTENTICADOS PELO AUTOR: DE 1 A 100 PARA OS SUBSCRITORES, DE I A X PARA O POETA, DE A A F PARA OS EDITORES GEIR CAMPOS E THIAGO DE MELLO

A ILUSTRAÇÃO (ÁGUA-TINTA) É DE FAYGA OSTROWER

Em 1956, participa com quatro xilogravuras da publicação de *A terra inútil*, tradução de Paulo Mendes Campos para o poema de T.S. Eliot *The Waste Land*, dentro da coleção Maldoror, editada pelo selo Philobiblion da editora Civilização Brasileira. Tratava-se também de uma série de livros em pequenas tiragens, impressos manualmente e acompanhados em geral de gravuras de artistas da época. O responsável era o impressor, editor e gravador catalão radicado no Brasil Manuel Segalá, que, no mesmo ano de 1956, publicou *Parábolas e fragmentos*, de Kafka, em tradução de Geir Campos, com quatro águas-fortes de Poty; *Giroflê, giroflá*, de Cecília Meireles, com quatro xilogravuras de Manuel Segalá; *Os cantos de Maldoror*, de Lautréamont, em tradução de Miécio Táti, com seis xilogravuras de Manuel Segalá. Também pela Philobiblion, Segalá publicou uma pequena revista de poesia, *A Sereia*, organizada por ele próprio e que teve quatro números ente 1955 e 1956.[5]

Em 1973, sai pela Diagraphis, do Rio de Janeiro, uma edição de *Os anjos e os demônios de Deus*, de Joaquim Cardozo, com oito serigrafias de Fayga. Esse encontro em livro entre Joaquim Cardozo e Fayga fora antecedido por pelo menos outros dois, muitos anos antes. Em outubro-novembro de 1957, o jornal *Para Todos* havia realizado um *Salão* Para Todos *de gravura e desenho*, no Salão de Exposições do Ministério da Educação e Cultura, e no júri os representantes do jornal eram justamente Joaquim Cardozo e Fayga (os outros jurados eram Goeldi, Darel e Iberê Camargo). Um ano antes, no número da segunda quinzena de junho de 1956 do jornal, ao escrever sobre "Artes gráficas e decorativas, escultura, arquitetura – I", a propósito do Salão Nacional de Arte Moderna, Joaquim Cardozo, se não incluiu Fayga entre os que considerava como os destaques do salão, mencionou-a da seguinte forma: "Fayga Ostrower, com o seu 'Mares' (azul) e o seu 'Espaços' (vermelho), único concorrente com gravuras coloridas, o que é uma pena. 'Espaços' e 'Mares' são ambos muito bonitos, e o primeiro me faz até lembrar que seria uma representação artística de um 'espaço granular', aplicado ao espaço físico dos elétrons, o que é quase um sonho."

A vasta imagem espacial de Joaquim Cardozo, com ciência e poesia, talvez se aplique a muitas das imagens de Fayga, inclusive às que acompanham seu texto, e já agora até mesmo com sugestões figurativas. Numa tiragem de 200 exemplares, assinados pelo poeta e pela ilustradora, a bela edição fazia parte de uma coleção de arte dirigida por Gastão de Holanda, Silvia Granville e Luiz Fernando de Noronha e Silva, com assistência gráfica de Cecília Jucá. No mesmo ano, o selo publicara o volume *D. Quixote*, com ilustrações de Portinari e poemas de Carlos Drummond de Andrade.

Gastão de Holanda participara, ao lado de Aloisio Magalhães, Orlando da Costa Ferreira e José Laurênio de Melo, do grupo do Gráfico Amador, que, na década de 1950, no Recife, publicara vários livros em edições artesanais, como o poema de Carlos Drummond de Andrade *Ciclo*, em 1957; *Dez sonetos sem matéria*, de Sebastião Uchoa Leite, em 1960; e *Pregão turístico do Recife*, de João Cabral de Melo Neto, em 1955. Este, com sua prática catalã de O Livro Inconsútil, auxiliou o grupo, como refere Guilherme Cunha Lima:

31
Última página de *Opus 10*. Todos os exemplares do livro foram assinados por Manuel Bandeira.

Ambos (Gastão de Holanda e Aloísio Magalhães) retornaram da França mais ou menos na mesma época em que o poeta João Cabral de Melo Neto foi viver no Recife. Amigo de Gastão e primo de Aloísio, João Cabral tinha experiência como tipógrafo e editor e foi de grande valia para o grupo, que com ele aprendeu a compor e a imprimir.[6]

No Rio de Janeiro, Gastão de Holanda dirigiu a editora Fontana, pela qual publicou edições especiais (como *6 cantos do paraíso*, de Dante, em tradução de Haroldo de Campos e com dez litografias de João Câmara Filho) e também edições correntes, bem como, nos anos 1970, com Sebastião Uchoa Leite, Luiz Costa Lima e Jorge Wanderley, a histórica revista literária *José*.

Também sob a responsabilidade de Gastão de Holanda, saía pela editora Fontana em 1974 uma edição de *O rio*, poema de João Cabral de Melo Neto. Numa tiragem de 100 exemplares, assinados pelo autor, a edição contava com quatro serigrafias de Fayga. A edição foi promovida pelo bibliófilo José Mindlin, que a comentou em seu livro *Uma vida entre livros*: "Ficou um belo livro, impresso em tipos Bodoni, com a mancha tipográfica inspirada num exemplar de *La Gerusalemme Liberata*, impressa pelo próprio Bodoni, que temos na biblioteca".[7] Mindlin refere também as serigrafias dessa edição como as primeiras que Fayga teria feito, o que parece constituir uma imprecisão, pois pelo menos a edição de Joaquim Cardozo já era acompanhada de serigrafias.

Nessas últimas edições, o que ressalta é a atenção dada aos diferentes componentes do livro, de modo que obra literária, tipografia, papel, espaços, imagens são objetos recíprocos e interligados de leitura, de apreciação. Aqui, de modo especial, a página é tão imagem quanto a imagem propriamente dita, que então não tem mais como contraparte somente um texto, mas também uma produção gráfica. A distância é grande em relação a muitos dos jornais graficamente bastante precários dos anos 1940. Não se trata apenas de um aprimoramento, mas da revitalização de todos os elementos, ou mesmo da entrada em cena de alguns outros. Assim, o percurso das imagens de Fayga por jornais e livros tem a ver tanto com momentos significativos de sua própria produção quanto com a conversa às vezes erradia entre todas essas instâncias.

32
Capa do livro *De notícias e não notícias faz-se a crônica*, de Carlos Drummond de Andrade (7ª edição, Rio de Janeiro: Record, 1987). Projeto gráfico de Fayga.

33
Estudo de capa (que não chegou a ser aproveitado), com desenho em aquarela, para o livro; numa folha de papel vegetal sobreposta (*overlay*), indica-se, a lápis, a diagramação do título, da lombada e da quarta capa.

1 OSTROWER, Fayga. "Lembrança de Murilo Mendes". *In*: GUIMARÃES, Júlio Castañon (org.). *Murilo Mendes: 1901-2001*. Juiz de Fora: CEMM/UFJF, 2001.

2 Reproduzido no catálogo *A gravura na coleção Murilo Mendes*. Juiz de Fora: CEMM/UFJF, 1999.

3 *Correspondência de Cabral com Bandeira e Drummond*. Organização, apresentação e notas de Flora Süssekind. Rio de Janeiro: Nova Fronteira, Fundação Casa de Rui Barbosa, 2001.

4 HALLEWELL, Laurence. *O livro no Brasil (sua história)*. Tradução de Maria da Penha Villalobos e Lólio Lourenço de Oliveira. São Paulo: T. A. Queiroz/Edusp, 1985.

5 MELLO, Heitor Ferraz. "Manuel Segalá e o canto das sereias". *Revista da Biblioteca Mário de Andrade*, n. 63, 2007.

6 LIMA, Guilherme Cunha. *O gráfico amador. As origens da moderna tipografia brasileira*. Rio de Janeiro: Editora da UFRJ, 1997, p. 87.

7 MINDLIN, José. *Uma vida entre livros – Reencontros com o tempo*. São Paulo: Edusp/Companhia das Letras, 1997, pp. 127-128.

A GRÁFICA : EXPERIMENTAÇÃO AMPLIADA

ROBERTO CONDURU

E tive mêdo. Marie, Marie, disse êle,
Segura firme. E começamos a descer.
É nas montanhas que nos sentimos livres.
Leio a noite quase tôda e vou para o Sul no inverno.

Que raízes se agarram, que ramos se entrelaçam
Nestes destroços pedregosos ? Filho do homem,
Não poderás dizê-lo, nem mesmo imaginá-lo, pois conheces apenas
Um amontoado de imagens quebradas, onde o sol bate,
A árvore morta não dá abrigo, o grilo não dá trégua,
E a pedra sêca nenhum murmúrio dágua. E há
Sòmente sombra debaixo desta rocha rubra
(Vem para a sombra desta rocha rubra)
E vou mostrar-te uma coisa que não é
Nem a tua sombra, de manhã, avançando atrás de ti
Nem a tua sombra, ao cair da tarde, erguendo-se ao teu encontro.
Vou fazer-te mêdo com um punhado de pó.
Frisch weht der Wind
Der Heimat zu
Mein Irisch Kind,
Wo weilest du ?
"Há um ano me deste jacintos pela primeira vez;
Passaram a chamar-me a moça dos jacintos."
No entanto, quando voltamos, tão tarde, do Jardim dos Jacintos,
Teus braços carregados, molhados os teus cabelos, eu não podia
Falar, meus olhos se toldaram, eu não estava vivo
Nem morto, sem saber de nada,
A olhar no âmago da luz, o silêncio.
Oed' und leer das Meer.

Um tanto esquecido nas abordagens do trabalho de Fayga Ostrower, o campo de intervenção gráfica é tópico importante para compreender sua trajetória profissional e sua obra. Entre 1944, quando começou a trabalhar como artista, e 1999, dois anos antes de falecer, Fayga se dedicou quase ininterruptamente a estender sua criação gráfica a livros, jornais, revistas, enciclopédias, discos, tecidos, cerâmicas e textos. Soube, assim, usufruir a expansão dos meios de atuação gráfica que vinha se configurando para os artistas no Brasil, ao menos desde o final da década de 1910.[1]

Se pensarmos nos diálogos que estabeleceu com as letras, os desdobramentos de seu trabalho gráfico se interromperam por pouco mais de 15 anos, entre 1956 e 1972. Antes de se dedicar a uma aprendizagem formal da gravura, em 1946, nos cursos de Axl Leskoschek e de Carlos Oswald na Fundação Getúlio Vargas,[2] ela já fizera séries de ilustrações para edições dos livros *O cortiço*, de Aluísio Azevedo, em 1944, e, um ano depois, *Histórias incompletas*, de Graciliano Ramos. Também em 1945, realizou estudos, não publicados, para a peça teatral *Deus lhe pague*, de Joracy Camargo, e o romance *Fontamara*, de Ignazio Silone.

Com alguns intervalos, de 1944 a 1956, Fayga colaborou com ilustrações nos periódicos *O Jornal*, *Letras e Artes* e *Joaquim*, a coletânea de contos *10 histórias de bichos* (1947) e edições dos livros *Poesias* (1951), de José Caó, *Invenção de Orfeu* (1952), de Jorge de Lima, *Opus 10* (1952), de Manuel Bandeira, e *A terra inútil* (1956), de T.S. Eliot. Entre 1972 e 1974, séries de obras suas apareceram em edições de *Os anjos e os demônios de Deus* (1973), de Joaquim Cardozo, *O rio* (1974), de João Cabral de Melo Neto, e *Caminho* (1974), da própria Fayga. Imagens criadas por ela também foram usadas na capa de um disco do projeto Ary Barroso, da Funarte, em 1983, em *Ciência Hoje* e na *Revista do Iphan*, em 1984, e na capa de um CD do grupo Sextante, em 1999.

34
Detalhe de xilogravura para o livro *A terra inútil* (1956). [p. 42]

35
Página do livro, em que se pode ver a marca deixada por uma das gravuras.

Contudo, a colaboração com obras para capas e miolos de livros, revistas, jornais e discos era apenas uma das vertentes do trabalho gráfico de Fayga, que precisa ser entendido em sentido mais amplo. Se considerarmos os trabalhos de programadora visual, há um intervalo ainda menor em sua extensa intervenção gráfica — apenas entre 1961 e 1972. Fayga diagramou as capas do *Almanaque Correio da Manhã* de 1955 a 1961; elaborou capa e guardas da *Enciclopédia Delta Larousse* em 1972; criou as capas e a diagramação dos livros de poesia de Lucia Aizim publicados em 1974, 1978 e 1982; por fim, fez as capas dos próprios livros, publicados a partir do final dos anos 1970: *Criatividade e processo de criação* (1977), *Universos da arte* (1983), *Acasos e criação artística* (1990) e *A sensibilidade do intelecto* (1998), bem como de algumas reedições dos mesmos, entre 1996 e 1998.

Toda essa atuação ganha amplitude, se somamos a ela o trabalho de Fayga como desenhista de padrões "de tecidos para decoração de interiores (cortinas e estofados)",[3] pensados em função das especificidades têxteis, da condição do tecido como "plano móvel" a participar da dinamização do espaço arquitetônico e da "maior liberdade de invenção e riqueza visual".[4] Diferentemente das demais formas de intervenção gráfica, às quais ela se dedicava, quando as possibilidades surgiam, no caso das padronagens de tecidos estampados, ela as produziu ininterruptamente entre 1948 e 1965. Assim, para além de desenhos, aquarelas e gravuras, houve, na criação gráfica, uma continuidade quase ininterrupta, ocorrendo um intervalo apenas de 1965 a 1972. Período de silêncio que devemos pôr entre aspas, pois, além de continuar a expor gravuras, entre meados da década de 1950 e o início da década de 1970, a artista lecionou composição e análise crítica no Museu de Arte Moderna do Rio de Janeiro, viajou para aprender e ensinar, produziu cerâmicas, deu palestras e escreveu sobre arte. Essas múltiplas ações justificam, com certa liberdade, nomear Fayga Ostrower como uma *artista-etc.*, termo que Ricardo Basbaum cunhou para designar artistas que, estrategicamente, marcam com suas visões, propriamente artísticas, cada uma de suas intervenções que vão além do âmbito da criação.[5]

Em que pese a continuidade quase total da produção gráfica de Fayga, o conjunto de realizações gerado apresenta significativa diversidade. É heterogêneo em muitos aspectos. Variam não só veículos, editoras e autores, temas e técnicas, níveis de intervenção no processo produtivo, mas o próprio trabalho da artista, que se transformou ao longo do tempo e mostrou diferenças que também são indícios da condição experimental dessas obras. Independentemente de serem recursos de subsistência financeira, essas realizações foram importantes momentos de experimentação.

36-37
Dois estudos de ilustração para *Fontamara* (1933), romance do escritor italiano Ignazio Silone. Fayga elaborou, em 1945, uma série de gravuras para essa obra ainda inéditas. Os exemplos acima são variações de uma mesma cena.

Fontamara
OSTROWER

LETRAS E ARTES

Ilustração de FAYGA OSTROWER

SONETO

ESTOU SENTADO SÔBRE A MINHA MALA
NO VELHO BERGANTIN DESMANTELADO...
QUANTO TEMPO, MEU DEUS, MALBARATADO
EM TANTA INÚTIL, MISTERIOSA ESCALA!

JOGUEI A MINHA BÚSSOLA QUEBRADA
ÀS ÁGUAS FUNDAS... E AFINAL SEM NORTE,
COMO O VELHO SINDBAD DE ALMA CANSADA
EU NADA MAIS DESEJO, NEM A MORTE...

DELÍCIA DE FICAR DEITADO AO FUNDO
DO BARCO, A VOS OLHAR, VELAS PARADAS!
SE EM TÔDA PARTE É SEMPRE O FIM DO MUNDO

PRA QUE PARTIR? SEMPRE SE CHEGA ENFIM...
PRA QUE SEGUIR EMPÓS DAS ALVORADAS
SE, POR SI MESMAS, ELAS VÊM A MIM?

MARIO QUINTANA

Na série elaborada para *O cortiço*, Fayga estudou diferentes aberturas, variando desenho e disposição de elementos (tamancos), tipo e posicionamento de letras no título, bem como o arranjo entre imagem e tipografia. O final dessa série tem versões que também jogam com figuras, enquadramento e luz. Nas séries para *O cortiço* e *Fontamara*, há estudos com inversão e alterações nas imagens que também indicam aprendizagem de especificidades da gravura.

Simultaneamente ao processo de aquisição de habilidade técnica, Fayga experimentou a linguagem, visando ao domínio dos meios expressivos. Figuras e cenas resultam de uma chapada contínua de preto em contraste com o papel, como na ilustração que acompanha o "Soneto" de Mario Quintana no suplemento literário *Letras e Artes*; são apenas delineadas, como nas imagens das lavadeiras na capa da revista *Joaquim* e da mulher junto ao "Soneto da ausente", de Cassiano Ricardo, no mesmo suplemento; surgem do jogo entre luzes e sombras estabelecido por diferentes sinais gráficos: pontos, linhas, riscos, retículas, ranhuras, manchas. Esses experimentos decorrem da interlocução de Fayga com vários autores, obras e movimentos artísticos da modernidade, indicando referências e caminhos múltiplos da aventura gráfica que era a procura de uma voz própria.

A literatura também oferecia desafios, ao obrigar a artista a enfrentar outros assuntos, ampliando a densidade temática de sua obra. Na década de 1940, os gêneros recorrentes em suas gravuras, desenhos e aquarelas eram a paisagem e a figura humana. Em acordo com tendências vigentes na vertente expressionista da arte moderna, especialmente com a forte presença da obra de Käthe Kollwitz, temas universais e atemporais, como maternidade e infância, lhe permitiram externar o compromisso com o humanismo. Tópicos localizados, como as favelas e o trabalho de pessoas humildes, particularmente o feminino em cenas com lavadeiras, deixam ver o engajamento de Fayga na discreta denúncia de mazelas sociais brasileiras. Em paralelo a essas opções, romances, contos e poemas lhe sugeriram outros universos, distintos gêneros literários — lírico, épico e dramático — e temas — atemporais, pretéritos e contemporâneos, nacionais e estrangeiros — que instigaram o exercício da expressão pela linguagem gráfica.

38
Estudo de gravura para o romance *Fontamara*.

39
Página do suplemento literário *Letras e Artes*, do jornal carioca *A Manhã*, com ilustração de Fayga publicada em 22.02.1949.

Os estímulos eram gerados em um campo editorial que empreendia, naquela época, ações especiais quanto à colaboração entre editores, autores, artistas e gráficos, como Os Cem Bibliófilos, no Rio de Janeiro, entre 1943 e 1969,[6] e O Gráfico Amador, no Recife, entre 1954 e 1961.[7]

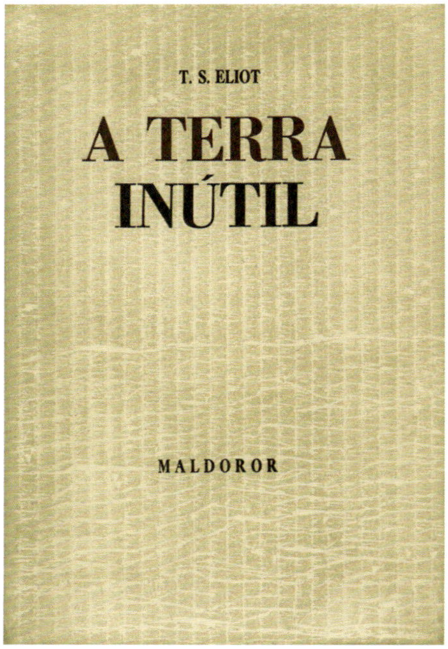

A edição de 1956 de *A terra inútil* foi o terceiro título da Coleção Maldoror, que reunia textos canônicos e gravuras de artistas brasileiros, tendo sido editada em parceria da editora Civilização Brasileira com a Philobiblion, do impressor-editor Manuel Segalá, que diagramou, criou texturas para as capas e invólucros para os livros, além de ter imprimido todos os livros. Experiências excepcionais do livro como lócus de integração das artes, bem como de arte, artesanato e indústria, que persistiram como referências na cultura brasileira. A edição de 1974 de *O rio*, pela editora Fontana, retomava a prática de colaboração entre artistas e comemorava justamente 20 anos do início de O Gráfico Amador.[8]

Esses desdobramentos gráficos também exibem francamente o caminho trilhado por Fayga da figuração à arte abstrata. Em coerência com o restante de sua obra, nos anos 1940, a produção é figurativa, enquanto, na década seguinte, a abstração insinua-se e passa a dominar. Tal mudança não deixou de ser previamente anunciada. São indícios da abstração posterior algumas imagens (uma paisagem e uma cena com duas figuras) da série elaborada para *Fontamara* e a água-forte que acompanha o poema "Musée des Beaux-Arts", de W.H. Auden, publicado em *O Jornal*, em 1947. As colaborações dos anos 1950 para os livros *Poesias*, *Invenção de Orfeu*, *Opus 10* e *A terra inútil* permitem ver o processo de transição nesse caminho, quando figuras e paisagens se introjetam em arranjos gráfico-cromáticos que acompanham a singular leitura que Fayga fez, naquela época, da obra de Cézanne — a qual, não sem consequências, ela conheceu primeiro graficamente, em livros — e do cubismo. Nas imagens para *Opus 10* e *A terra inútil*, o modo como a gravadora incorpora a cor na trama gráfica deve-se menos a experimentos cromáticos antecedentes na gravura, como os de Oswaldo Goeldi, do que a suas próprias experiências com a aquarela como meio de manipulação de luz com vistas à expressão.

40-41
Frente da caixa e capa de *A terra inútil*, tradução do poema *The Waste Land*, de T.S. Eliot, feita por Paulo Mendes Campos (Rio de Janeiro: Civilização Brasileira, 1956; 24 × 16,5 cm, 60 páginas, acabamento de tipo álbum, sem costura, dobrado, com capa e luva). Segundo o colofão, "fez-se uma única edição, de 300 exemplares, impressa em papel Canson, ilustrada com quatro xilogravuras originais, em duas cores, de Fayga Ostrower, dividida em três tiragens distribuídas da seguinte forma: a primeira, de quatro exemplares, fora de numeração e nominativos, impressos especialmente para os subscritores, contendo cada um todas as provas de estado, em duas cores e em preto, das ilustrações, bem como duas planchas de madeira de cedro, com o gravado definitivo da artista; esses exemplares são autografados pelo tradutor. A segunda, numerada de 1 a 10, por ordem de subscrição, com o nome do subscritor impresso na contracapa e o autógrafo do tradutor, mais as provas de estado, em preto, das quatro ilustrações. A terceira, de 286 exemplares, numerados de 11 a 296, destinada aos bibliófilos em geral."

42-46
Páginas do livro. [pp. 51-53]

E tive mêdo. Marie, Marie, disse êle,
Segura firme. E começamos a descer.
Ê nas montanhas que nos sentimos livres.
Leio a noite quase tôda e vou para o Sul no inverno.

Que raízes se agarram, que ramos se entrelaçam
Nestes destroços pedregosos ? Filho do homem,
Não poderás dizê-lo, nem mesmo imaginá-lo, pois conheces apenas
Um amontoado de imagens quebradas, onde o sol bate,
A árvore morta não dá abrigo, o grilo não dá trégua,
E a pedra sêca nenhum murmúrio dágua. E há
Sòmente sombra debaixo desta rocha rubra
(Vem para a sombra desta rocha rubra)
E vou mostrar-te uma coisa que não é
Nem a tua sombra, de manhã, avançando atrás de ti
Nem a tua sombra, ao cair da tarde, erguendo-se ao teu encontro.
Vou fazer-te mèdo com um punhado de pó.
Frisch weht der Wind
Der Heimat zu
Mein Irisch Kind,
Wo weilest du ?
"Há um ano me deste jacintos pela primeira vez;
Passaram a chamar-me a moça dos jacintos."
No entanto, quando voltamos, tão tarde, do Jardim dos Jacintos,
Teus braços carregados, molhados os teus cabelos, eu não podia
Falar, meus olhos se toldaram, eu não estava vivo
Nem morto, sem saber de nada,
A olhar no âmago da luz, o silêncio.
Oed' und leer das Meer.

14

Dando alimento às chamas esguias das velas,
Projetando o fumo sôbre os laquearia,
Animando os motivos esculpidos no teto.
Grandes toras de naufrágio, ainda impregnadas de cobre,
Ardiam, verde e laranja, dentro da moldura de pedra colorida,
Em cuja luz melancólica nadava um golfinho cinzelado.
Acima da antiga e preciosa lareira se ostentava,
Como de uma janela dando para o cenário silvestre,
A metamorfose de Filomela, pelo bárbaro rei
Tão rudemente violada; todavia, o rouxinol
Povoava todo aquêle ermo com um canto improfanável,
Sempre a chorar, e o mundo a seguir sempre,
"Diag Diag" para ouvidos sujos.
E outras lascas de tempo esmaecidas
Eram contadas nas paredes; vultos de olhar arregalado
Inclinavam-se, impondo silêncio à sala confinada.
Ruídos de passos se arrastavam nos degráus.
Ao clarão do fogo, sob a escova, seus cabelos
Esparziam-se em dardos ardentes,
Fulgurando em palavras, e em selvagem mudez quedavam logo.

"Estou com os nervos à flor da pele esta noite. Horríveis. Fica comigo.

Fala comigo. Nunca falas nada. Fala.
Que estás pensando ? Em que pensar ? Em que ?
Nunca sei o que pensas. Pensa."

Penso que estamos na viela dos ratos
Onde os mortos perderam seus ossos.

22

Uma ratazana insinuou-se, furtiva, por entre as moitas,
Arrastando pela barranca a sua barriga viscosa
Enquanto eu estava a pescar no canal tristonho
Uma noite de inverno, detrás do gasômetro
A meditar no naufrágio do rei meu irmão
E na morte, anterior, do rei meu pai.
Corpos brancos, desnudos, no terreno baixo e úmido
E ossos jogados em um sòtãozinho baixo e sêco,
Entra ano, sái ano, apenas remexidos pelo pé do rato.
Atrás de mim, no entanto, de quando em quando,
Escuto o som de trompas e motores que há de guiar
Sweeney para a sra. Porter na primavera.
O the moon shone bright on Mrs. Porter
And on her daughter
They wash their feet in soda water
Et O ces voix d'enfants, chantant dans la coupole !

Tiu Tiu Tiu
Diag diag diag diag diag
Tão rudemente violada
Tereu

Cidade Fantasma
Sob a fulva neblina de um meio-dia de inverno
O sr. Eugênides, o comerciante de Esmirna,
Barba por fazer, o bolso cheio de passas
C. I. F. London: documentos à vista,
Convidou-me em francês demótico
Para almoçar no Cannon Street Hotel
E depois... fazer week-end no Metrópole.

30

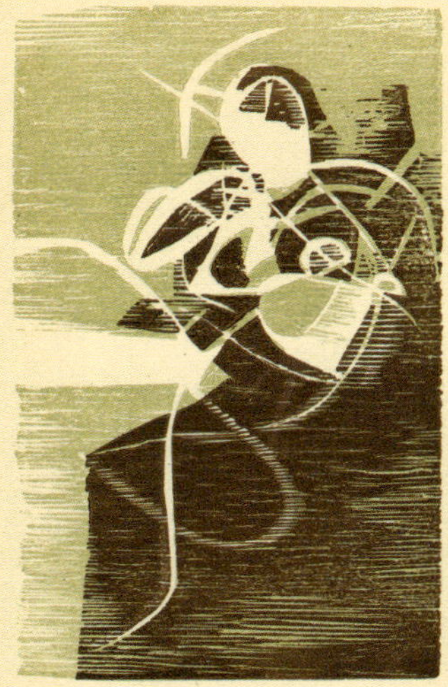

Se houvesse água poderíamos parar e beber
Mas entre as rochas como fazer uma pausa ou pensar
O suor é sêco e os pés afundam-se na areia
Houvesse ao menos água entre as rochas
Montanha morta, bôca de dentes cariados que não cospe
Aqui é impossível ficar de pé, deitar ou sentar-se
Nem sequer o silêncio existe nas montanhas
Mas o trovão estéril árido e sem chuva
Sequer a solidão existe nas montanhas
Mas rostos avermelhados soturnos escarninhos a rosnar
À soleira das casas de barro batido
                                        Se houvesse água

E não a rocha
Se houvesse a rocha
E também água
Água
Uma nascente
Uma poça em meio às pedras
Se ao menos se ouvisse o murmúrio da água
Não a cigarra
Não a relva sêca a crepitar
Mas o murmúrio da água sôbre uma rocha
Com o tordo-eremita a cantar nos pinheiros
Drip drop drip drop drop drop drop
Mas não existe água

Quem é essa terceira pessoa a caminhar sempre a teu lado ?
Se conto, estamos apenas os dois juntos, tu e eu
Mas quando contemplo ao longe o caminho branco
Sempre existe caminhando a teu lado outra pessoa

46

CANTO V
POEMAS
DA
VICISSITUDE

CANTO VI
CANTO
DA
DESAPARIÇÃO
16

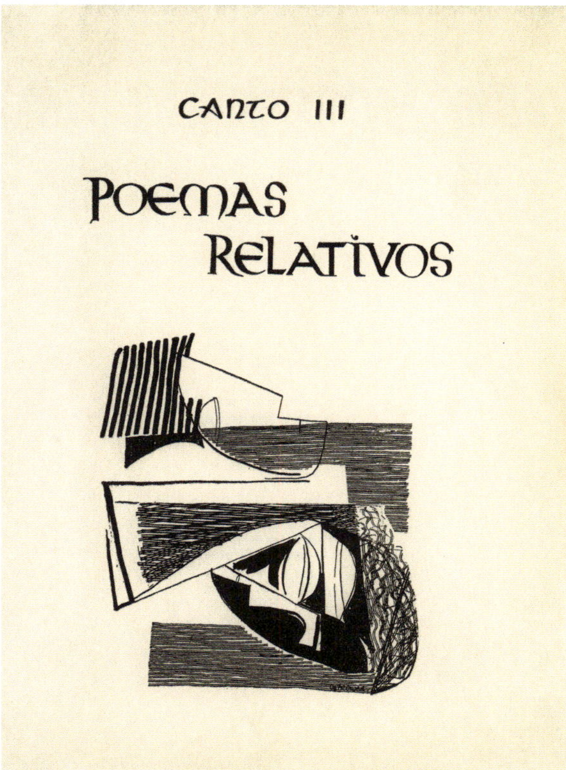
CANTO III
POEMAS
RELATIVOS

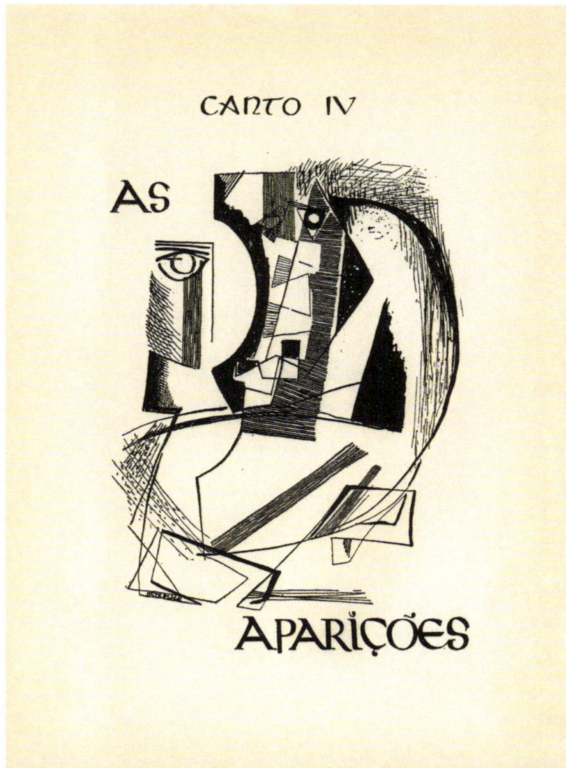
CANTO IV
AS
APARIÇÕES

47
Capa aberta de *Invenção de Orfeu*, de Jorge de Lima (Rio de Janeiro: Livros de Portugal, 1952; 19,5 × 14,5 cm, 436 páginas). À esquerda, vê-se monograma criado por Fayga com as iniciais do nome do autor.

48-57
Páginas do livro com ilustrações. Fayga fez a capa e dez gravuras para as aberturas de cada canto. [pp. 55-59]

CANTO I
FUNDAÇÃO
DA ILHA

CANTO II
SUBSOLO
E
SUPERSOLO

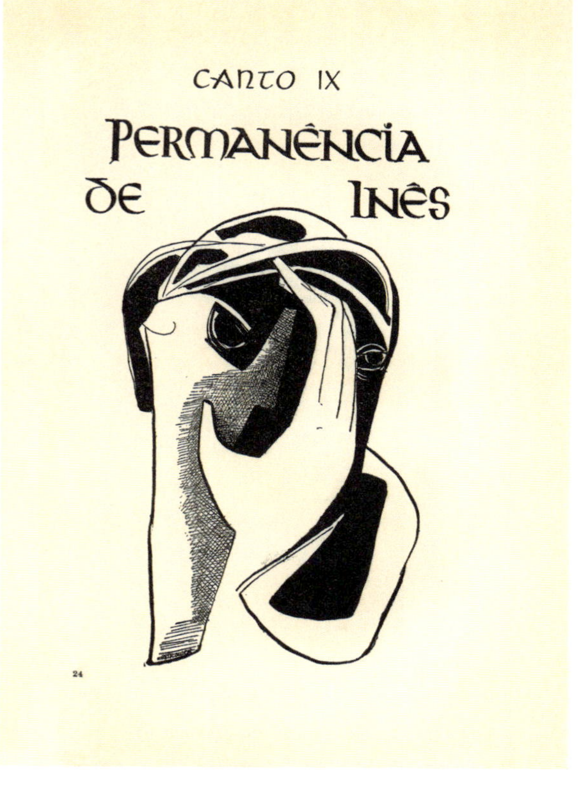
CANTO IX
PERMANÊNCIA
DE INÊS
24

CANTO X
MISSÃO
E
PROMISSÃO

CANTO VII
AUDIÇÃO
DE ORFEU

CANTO VIII
BIOGRAFIA
19

As obras para esses quatro livros antecedem o período no qual Fayga esteve afastada da ilustração, momento de "silêncio" dedicado quase integralmente à gravura. Momento de abstração absoluta no qual ela alcançou tensão máxima nas relações entre os elementos gráficos, configurando "um universo não literário, que exclui o assunto e o episódio", nas palavras de Murilo Mendes.[9] Não deixamos de estranhar que, quando Fayga voltou a dialogar com a literatura, nos anos 1970, ficou algo atenuada essa tensão entre os elementos constituintes das obras. Paisagens e figuras são vislumbradas vez por outra em suas gravuras. A cor abandona o caráter de velatura que adensa o espaço, ao fazê-lo variar tonalmente, e torna-se estridente, algo sobreposta. Parece que a experimentação passou a ter então o sentido de refinamento dos meios antes conquistados.

Antes ou depois, Fayga não se limitava a adequar a ilustração à página concedida pelo autor ou editor. Nos diálogos mantidos com a literatura, a opção pela figura ou pela abstração indica modos diversos de relacionamento entre imagem e texto. Em termos gerais, no primeiro caso, as imagens se referem diretamente ao texto, seja quanto à temática central, seja quanto a alguns momentos, resumindo ou pontuando a narrativa. Na série elaborada para *O cortiço*, as imagens de abertura e de encerramento sintetizam o romance, com os tamancos do início (aos quais é possível, e mesmo necessário e irresistível, aproximar o par de botas pintado por Vincent van Gogh) marcando a origem humilde do português João Romão, enquanto os pares de sapatos e de luvas mais a bengala, do final, sinalizam sua ascensão social e expressam sinopticamente o drama do personagem. Quando abstrata, a imagem alude formalmente ao tema narrado ou evocado, sem representar cenas e elementos; ou, mais drasticamente, é proposta como obra correspondente ao texto, mas não subordinada a ele.

Também há ao menos dois tipos de relação entre imagem, texto e suporte. Mais frequentemente, a imagem inscreve-se na cobertura e/ou no miolo do livro, revista ou jornal, ou na capa do disco. Mas, na produção de Fayga, também existe um pequeno grupo de livros, publicados nos anos 1970, constituídos por pranchas soltas em que foram impressos imagens ou textos — geralmente poemas — ou apenas imagens, como é o caso de *Caminho*, inteiramente de sua autoria. Em ambos os tipos, a imagem pode ter sido elaborada especialmente ou não para a obra. Seja nos modos de relacionamento com o texto, seja na variação quanto ao suporte, a autonomia da imagem e até mesmo da gravura se coloca, autonomia mais ou menos dependente do romance, da poesia, do conto, mas sempre a eles coordenada. O que levou Fayga a tensionar as relações entre imagem e texto.

Encartadas ou avulsas, as imagens de Fayga lidam com dois dispositivos de representação visual do Ocidente: a página do livro impresso e o plano de visualização autônomo, recortado em forma de retângulo, quadrado, círculo, oval ou outra figura geométrica euclidiana, a "janela" que Leon Battista Alberti teorizou na primeira era moderna, quando esses engenhos alteraram substancialmente os modos de fruição de imagens e narrativas.[10] Assim como a folha independente de papel na qual se grava, desenha e aquarela, a página e a capa do livro, do jornal, da revista e do disco também são campos que ordenam racionalmente a visualidade. E são volumétricas, acontecem no espaço, relacionadas a corpos em movimento. Inscritas nesses aparelhos, as imagens aglutinam leitor, ouvinte, espectador. Dispositivos móveis que circulam no espaço, fluem entre geografias, culturas.

Na medida em que a conquista dos meios expressivos implicava refletir sobre a condição material da obra, não estranhamos que Fayga tenha passado de ilustradora a programadora visual. Processo iniciado na experimentação com letras e imagens nos títulos e entretítulos das obras, já presente em suas primeiras ilustrações. Nessas obras, as letras podem se entrelaçar às imagens, como no par de tamancos no início da série para *O cortiço*; à paisagem, como em *Fontamara*; ou a figuras e paisagens em processo de fusão abstratizante, como nas aberturas de cada um dos cantos de *Invenção de Orfeu*. No término da série para *O cortiço*, o entrelace de letras e figuras quase não diferencia suas atribuições, com a superposição de luvas à bengala gerando a letra "f", a que se seguem "i" e "m" para confirmar o fim da obra.

58
Estudo de ilustração (não aproveitado) para a edição de 1948 de *O cortiço*.

59
Gravura com experimentação tipográfica para o romance *Fontamara*.

Outro passo na experimentação com as letras se dá em *Poesias*, de José Caó, no qual as curvaturas de algumas imagens dialogam com as letras capitulares, que foram desenhadas à mão por Fayga a partir da família tipográfica Uncial, provavelmente a partir do livro *Das ABC buchlein*, de Rudolf Koch,[11] que a artista tinha em sua biblioteca pessoal.

Além do jogo entre signos gráficos e do ensaio no desenho das letras, Fayga pensou a estrutura da página, ao experimentar a diagramação a partir de diversos enquadramentos de cenas e variações na disposição da imagem em relação à mancha gráfica do texto.

Particularmente para *Fontamara*, mas não só para essa obra, Fayga experimentou enquadramentos variados. Usou diferentes pontos de vista, alguns inusitados, e cortes mais ou menos próximos, influenciados pela tradição da pintura, da fotografia e do cinema, oscilando entre panorâmicas, enquadramentos em profundidade, *closes* e detalhes. Para *Invenção de Orfeu*, a mescla de signos explora a espacialidade da página. Em *A terra inútil*, apesar do formato quase retangular que "desrespeita" sutilmente a diretriz ortogonal do livro, há imagens que se abrem à página, incorporando a gramatura e a cor do papel a sua economia gráfica. Variações que mobilizam o leitor/espectador ao situá-lo próximo ou distante, ora acima, ora abaixo, mais à esquerda ou à direita do campo visual, seja este configurado por uma cena ou uma imagem abstrata, ajudando a corroer o mito da leitura como ato imóvel física e imaginativamente.

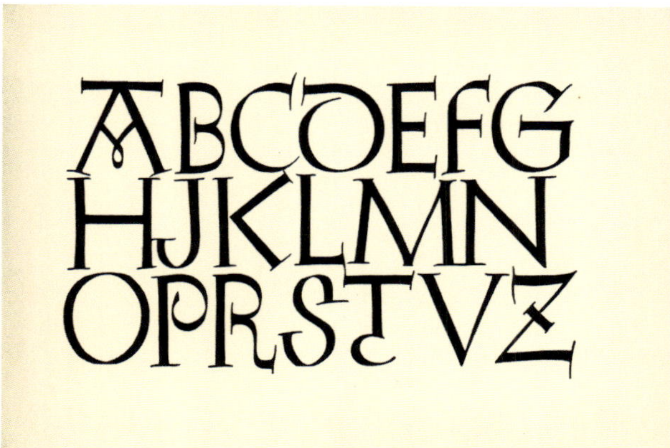

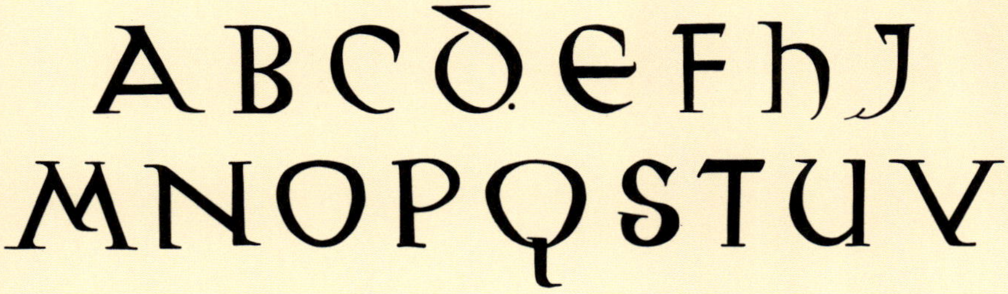

60
Capa de *Poesias*, de José Caó (Rio de Janeiro: Editora A Noite, 1951; 24 x 16,5 cm, 154 páginas).

61-62
Capa e uma das páginas do livro *Das ABC buchlein*, que Fayga tinha em sua biblioteca pessoal e em que provavelmente se baseou para elaborar os tipos de *Poesias*.

63
Última página de *Poesias*, na qual se vê monograma criado por Fayga com as iniciais do nome do autor.

64
Letras capitulares elaboradas pela artista para o livro.

65-68
Páginas da mesma obra. [pp. 64-65]

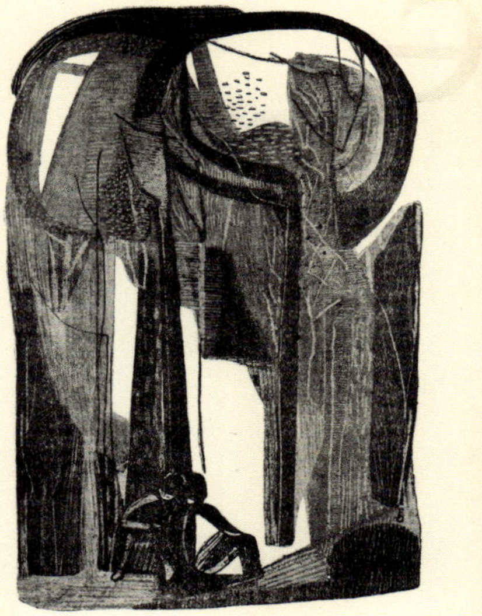

O CAMINHO DO TAMBIA

JÁ passou a surprêsa.
O mundo e eu começamos a nos entender.
E agora eu sei
Porque eram tão doces as pitangas
Que eu furtava no caminho da escola.

Sete anos, eu e minha irmã pelo caminho de barro
[vermelho,
A professôra era Dona Niná.

Ó! Aquêle caminho do Tambiá!
Não o trocaria nem pela estrada real de Damasco.

Antigamente êle estava fora de mim
E eu pisava, deliciado, as poças d'água
E espetava as tanajuras que o inverno semeava
[naqueles campos humildes.

Agora, se o quero encontrar,
Tenho de procurá-lo dentro de mim
E o barro vermelho parece feito do meu próprio
[sangue

65

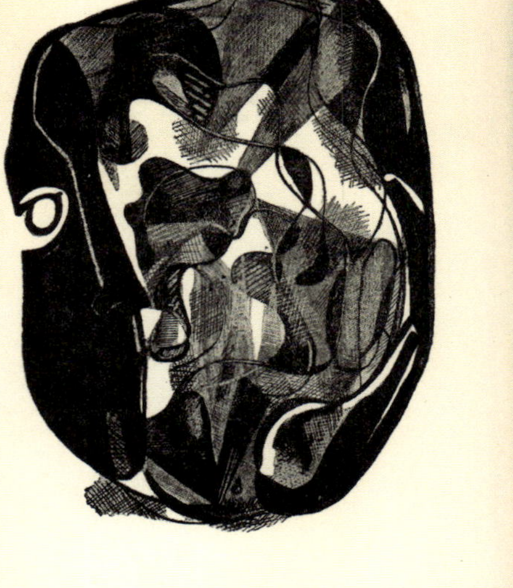

A FLOR

HÁ uma flor caída no chão!
Não é rosa, nem violeta, nem bogari.
Dentro da noite a chuva escorre das suas pétalas
[feridas
E, ao pé do lampião mortiço,
O muro envolve-a numa sombra compassiva.

A multidão passou por ela e nem reparou.
Mas o vagabundo vinha cansado,
As pernas tremiam de frio sob a chuva,
A chuva que descia em bátegas
Pelos sulcos do rosto macilento.

No coração do vagabundo havia uma tristeza
[amarga.
Mas os olhos do vagabundo pousaram sôbre a flor
E através das gotas que não eram da chuva
A flor rutilou como um astro de chamas
E irisou-se de mil cintilações.

Era um pequenino sol
Que palpitava como um coração.

89

A EFÊMERA

És a efêmera,
E por isso a inesquecível.
Não tinhas passado
Nem terás futuro para mim.
Não te vi criança,
Nem te vi mocinha,
Mas uma linda moça,
Surgida de repente,
Como um presente da vida.
Não sei o que será de ti.
Não te verei envelhecer.
Tua juventude, para mim, será perpétua.
O que guardo é a lembrança dos teus grandes olhos
Rutilando na penumbra da "boite",
Teu sorriso alvorejando na sombra, teu perfume,
Teu hálito, o roçar de teus cabelos,
A pressão do teu corpo no volteio da dança.
Certo, já desapareci da tua memória.
Fui um homem que dançou contigo, nada mais.
Tu não. Tu ficarás por algum tempo ainda.
Disse-te, quase na hora da despedida,
Quando o tango dolente era uma antecipação
Da saudade que agora me atormenta :
— Nunca mais te verei.
Aquêle instante único foi ali mesmo devorado pelo
[tempo.

25

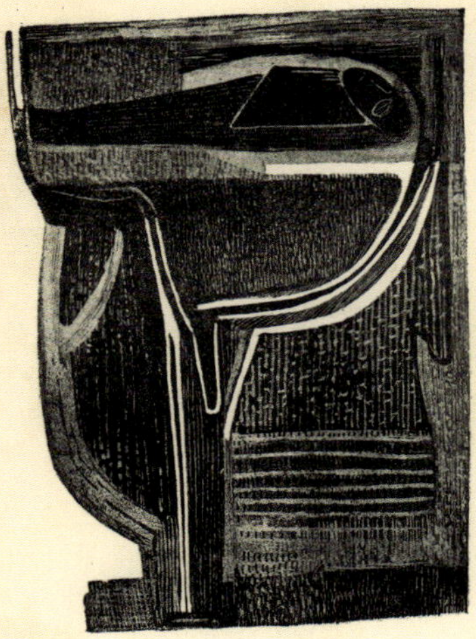

A VIAGEM

Segue o teu itinerário.
Tua viagem é longa ou curta,
Mas um dia verás a estação.

Então tudo que era teu terá ficado pelo caminho,
Tudo terá passado,
Tudo terá sumido na distância.

Talvez então compreendas por que estiveste viajando.
Por enquanto, contenta-te em viajar,
Olhar a paisagem,
Recordar a linda moça que vendia cigarros.

Não te inquiete o mistério do horizonte azul
Porque um dia cruzarás por êle.
Prepara-te apenas para a chegada,
Porque chegarás sôzinho.

49

Esse processo crescente de manipulação dos elementos da programação visual culminou com a diagramação de capas do *Almanaque Correio da Manhã* e dos livros de poesia de Lucia Aizim. Nas primeiras, Fayga minimizou o papel da ilustração, destacando o arranjo dos elementos e a exploração de recursos gráficos. Apenas na capa de 1955, há indicação figurativa — uma ampulheta sobre uma mesa —; a de 1958 é a única que se vale de uma imagem próxima das elaboradas pela artista em suas gravuras. Não há dúvida: "Ostrower", a assinatura da programadora visual artista que aparece impressa como se fora manuscrita em todas essas capas, é menos um resquício artesanal e mais um sinal do humanismo que Fayga pretendia incutir no *design*, como crítica aos excessos racionalistas.

69-75
Capas do *Almanaque Correio da Manhã*, elaboradas por Fayga com diferentes técnicas.
[pp. 66-70]

Embora diversificado, esse conjunto apresenta indícios de que ela estabeleceu, se não um projeto único, ao menos alguns princípios que unificam minimamente a série. A cor é sempre um elemento-chave — geralmente branco, preto, tons de cinza, mais uma ou duas das ditas cores primárias e complementares; cores aplicadas no fundo, na tipografia ou em ambos. Também têm destaque os grafismos, com remissões menores ou maiores ao trabalho manual. Entretanto, constante em todas essas capas e diferencial a esboçar um projeto é a valorização da tipografia. Ela usa várias famílias tipográficas, adapta algumas e até lida com a ambiguidade do signo, que, por vezes, pode simultaneamente valer como letra e número: o "l" de "almanaque" e o "1" de "1957", na capa daquele ano. Além disso, em todas as capas, há nítida valorização da palavra "almanaque" e da data da publicação, o nome e o ano da publicação, indicando, talvez, consonância do projeto gráfico com uma diretriz editorial; o nome da instituição, *Correio da Manhã*, aparece de forma menos ou mais discreta. Quanto às datas, de 1955 a 1958, ela optou por variações cromáticas que ressaltam o ano específico, mas nas capas seguintes uniformizou os números, dando maior destaque ao vocábulo "almanaque". Em todas as edições, Fayga joga com a estrutura dessa palavra, subdividindo-a em arranjos diversos: com a alternância no preenchimento de suas letras, em cor, como nas capas de 1957 e 1959, ou com mancha tipográfica, como em 1956; com a autonomização de cada letra, como em 1958 e 1959, ou de suas sílabas, variadamente, como em 1955, 1956, 1960 e 1961.

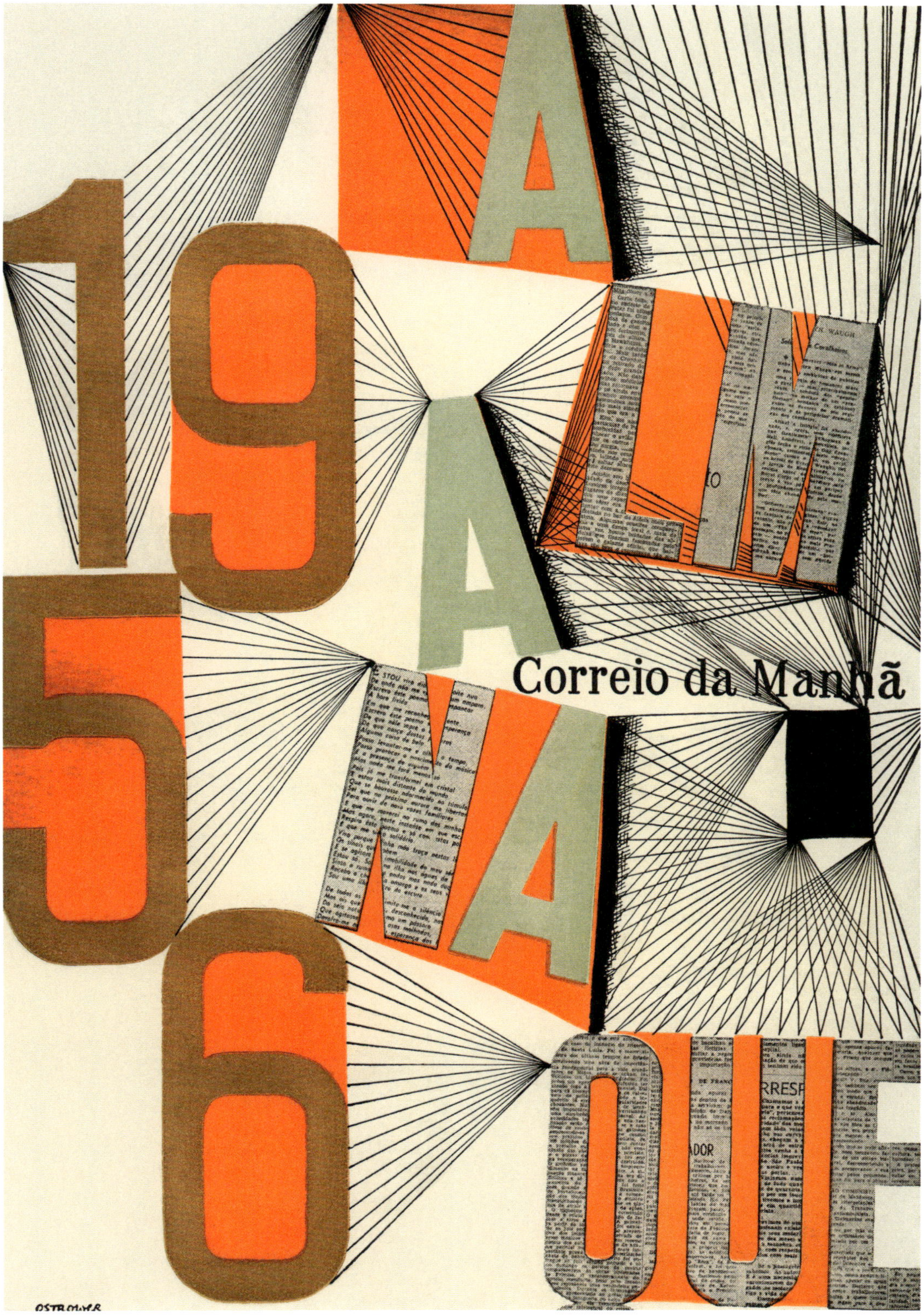
Correio da Manhã
1956
ALMANAQUE
OSTROWER

almanaque
1957
Correio da Manhã
OSTROWER

58
ALMANAQUE
Correio da Manhã
19
OSTROWER

almanaque
correio
da
manhã
1959

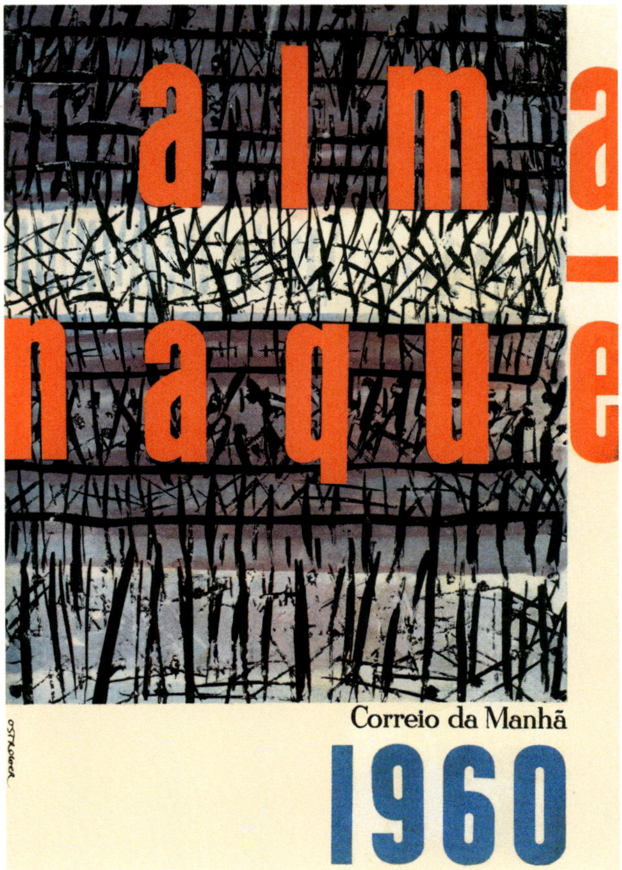
alma
naque
Correio da Manhã
1960

al
ma
na
que
1961
Correio da Manhã
OSTROWER

Composta apenas por variações de tipografia e planos de cor, a capa de 1961, caso sofresse alguns ajustes, bem poderia passar como projeto gráfico de um artista (neo)concreto. Quase uma década e meia depois, em 1974, Fayga diagramou o livro *Alma pastora das coisas*, de Lucia Aizim, e se ateve apenas aos tipos e ao espaço da página, prescindindo até da cor. Projeto gráfico algo insólito, com seu arranjo dos blocos de texto no qual variam os espaços entre eles e deles às margens, o aparente desalinhamento entre as letras do nome da autora e do título do livro e a entrelinha do título, que faz a perna do "p" e a haste do "d" quase se tocarem. Sem fazer uso da imagem, ela retornava a um tipo antigo de livro, sem ilustrações na capa e no miolo. Opção que faz pensar 1974 como um momento especial de seu trabalho gráfico, quando (se) impôs limites, diferenças. No mesmo ano em que fez o projeto gráfico de *Alma pastora das coisas*, um livro apenas com textos, ela produziu *Caminho*, um livro apenas com imagens, constituído por pranchas com seis serigrafias criadas por ela. Não fosse ter continuado a colaborar com imagens para publicações posteriormente, esse par de livros poderia fazer supor que Fayga tivesse passado a defender, àquela altura, mundos apartados para imagem e texto.

Esse conjunto de ilustrações e projetos gráficos não chega a determinar uma visão radicalmente diferente da trajetória profissional e da obra de Fayga Ostrower. Confirma a leitura hoje consolidada de Fayga como desbravadora dos caminhos da expressão gráfica abstrata, ressaltando os momentos experimentais, de conquista e aprimoramento de seu trabalho. Entretanto, também permite ver melhor sua pesquisa gráfica, iluminando facetas que ficaram um tanto esquecidas, desdobramentos que atestam sua maior amplitude.

Embora seja reduzida e discreta, embora persistente, a atuação de Fayga como ilustradora e programadora visual implica a revisão da trajetória do desenho industrial no Brasil a partir da década de 1950. Na história desse campo cultural, é mais conhecida e estudada a prática de programação visual feita naquela época por artistas vinculados ao concretismo, como Amilcar de Castro, Antônio Maluf, Lygia Pape e Willys de Castro. Com suas ilustrações e seus projetos gráficos, Fayga Ostrower se insere em outra tradição, constituída previamente por J. Carlos, Di Cavalcanti e Santa Rosa, entre outros, uma vertente de programação visual consolidada e em transformação no país havia pouco mais de duas décadas, mas que ficou ofuscada pelo *design* derivado do concretismo.[12] Com efeito,

76
Capa de *Alma pastora das coisas*, de Lucia Aizim (Rio de Janeiro: Vozes, 1974; 21 × 13,7 cm, 90 páginas). Projeto gráfico de Fayga.

a programação visual feita por artistas no Brasil não pode ser entendida como atividade restrita à vertente construtiva da arte.

Em que pese ela não ter se dedicado à atividade de programadora visual com a intensidade de J. Carlos ou Santa Rosa, essa parte da obra de Fayga ratifica a possibilidade de prosseguimento da vertente de programação visual desenvolvida a partir do âmbito da ilustração. Continuidade que não deixa de forçar os limites dessa tendência e até significar sua renovação, ao desdobrar um tipo de abstracionismo, (usualmente designado como lírico) cuja racionalidade não estava radicada na matemática e na geometria euclidiana.

Nada a estranhar. Como visto, desde o início, Fayga deixou indícios de que não queria apenas figurar universos imaginários, pretendendo ser mais do que uma ilustradora. Embora não fosse obrigatória, havia lógica em sua ampliada atuação gráfica. Em uma consciente formuladora de novos espaços e mundos, não surpreendem a vontade e o empenho na sutil revisão da forma de livros, revistas, jornais, tecidos, cerâmicas. Quando Fayga expandia sua ação gráfica a esses objetos, além de pôr sua sensibilidade e invenção em diálogo com a criatividade de escritores, editores e leitores, engajava sua imaginação crítica na (re)configuração do real.

Agradeço a colaboração de Eucanaã Ferraz, Fábio Frohwein, Manuela Roitman, Noni Ostrower, Rafael Cardoso e Sula Danowski.

---

1 Veja-se o caso dos livros com capas ilustradas, produzidos a partir do fim da década de 1910, estudado por CARDOSO, Rafael. "O início do *design* de livros no Brasil". *In*: CARDOSO, Rafael (org.). *O* design *brasileiro antes do* design. *Aspectos da história gráfica, 1870-1960*. São Paulo: Cosac Naify, 2005, pp. 160-196.

2 As informações sobre a vida e a trajetória profissional de Fayga Ostrower derivam de sua biografia publicada no *site* do Instituto Fayga Ostrower: www.faygaostrower.org.br.

3 OSTROWER, Fayga. "Observações". *In*: *Fayga Ostrower: gravuras, tecidos*. Rio de Janeiro: Ministério da Educação e Cultura, 1956.

4 OSTROWER, Fayga. *Fayga Ostrower: gravuras, desenhos, tecidos*. Rio de Janeiro: Ministério da Educação e Cultura, 1953.

5 "Encontro com Ricardo Basbaum". *In*: *Temporada de projetos na temporada de projetos*. Disponível em: http://projetosnatemporada.org/blog/2009/05/13/encontro-com-ricardo-basbaum/. Acesso em 20.12.2010.

6 Ver www.museuscastromaya.com.br/colecoes.htm. Acesso em 22.12.2010

7 LIMA, Guilherme Cunha. *O gráfico amador*. Rio de Janeiro: Editora UFRJ, 1997.

8 "Fayga ilustra poema de João Cabral". *In*: *O Globo*, Rio de Janeiro, 08.06.1974.

9 MENDES, Murilo. "Fayga Ostrower e a gravura". *In*: *Fayga Ostrower: gravuras, tecidos*. *Op. cit.*

10 A esse respeito, ver CONDURU, Roberto. "Arte e experiência na modernidade". *In*: *O que nos faz pensar*. Rio de Janeiro: PUC-Rio, n. 6, ago. 1992, pp. 105-106.

11 KOCH, Rudolf. *Das ABC Buchlein*. Wiesbaden: Insel, 1949.

12 CARDOSO, Rafael. *Op. cit.*

77
Sobrecapa de *Errância*, de Lucia Aizim
(Rio de Janeiro: Vozes, 1978; 24 × 15,5 cm,
124 páginas). Capa e projeto gráfico de Fayga.

GRAVURAS

O CORTIÇO
Aluísio Azevedo
Rio de Janeiro: Zelio Valverde, 1948
Linoleogravuras sobre papel de arroz, 1944-1945

78 área de impressão 8,7 × 8,0 cm
79 área de impressão 16 × 11 cm
◄ detalhe [p. 74]

O Cortiço - 9

80 área de impressão 16 × 11 cm
81 área de impressão 16 × 11 cm

82 área de impressão 16 × 11 cm
◄ detalhe

83 área de impressão 16 × 11 cm; estudo inédito
84 área de impressão 16 × 11 cm

o cortiço
OSTROWER 44

85 área de impressão 16 × 11 cm
86 área de impressão 16 × 11 cm

"O CORTIÇO"
OSTROWER 44

87 área de impressão 16 × 11 cm
88 área de impressão 16 × 11 cm

O Cortiço - 3
Fayga Ostrower

89 área de impressão 16 × 11 cm
90 área de impressão 13,3 × 9,2 cm; estudo inédito

91 área de impressão 15 × 11 cm; estudo inédito
92 área de impressão 9 × 8 cm; estudo inédito

FONTAMARA

Ignazio Silone

Linoleogravuras sobre papel de arroz, inéditas, 1945.

93 área de impressão 10 × 10 cm
94 área de impressão 10 × 10 cm

FONTAMARA
IGNAZIO
SILONE
FONTAMARA estudo OSTROWER 45

95 área de impressão 7,3 × 9,3 cm
96 área de impressão 9,3 × 7,3 cm

97 área de impressão 11 × 10 cm
◄ detalhe

"Fontamara"
OSTROWER 45

98 área de impressão 15,3 × 10 cm
99 área de impressão 15 × 10 cm

Fontamara I estudio OSTROWER 45

100 área de impressão 15 × 11 cm
101 área de impressão 15 × 11 cm

102 área de impressão 7,5 × 7,5 cm
103 área de impressão 16 × 11 cm

104 área de impressão 15 × 10 cm

105 área de impressão 15 × 11 cm
◀ detalhe página anterior
106 área de impressão 15 × 10 cm

107 área de impressão 15 × 10 cm
108 área de impressão 15,5 × 11 cm

109 área de impressão 15 × 10 cm
110 área de impressão 15 × 10 cm

"FONTAMARA"
OSTROWER

111 área de impressão 15 × 10 cm
112 área de impressão 15 × 10 cm

113 área de impressão 15 × 11 cm

114 área de impressão 15 × 10 cm
◀ detalhe página anterior
115 área de impressão 15 × 10 cm

DEUS LHE PAGUE

Joracy Camargo

Linoleogravuras sobre papel de arroz, inéditas, 1945.

116 área de impressão 7,5 × 5 cm

▶ detalhe

F
PRIMEIRO ATO

FO
PRIMEIRO ATO
OSTROWER 45

117 área de impressão 4,5 × 9,5 cm
118 área de impressão 6,5 × 9,2 cm
119 área de impressão 7,6 × 5 cm
120 área de impressão 7,6 × 5 cm
▶ detalhe próxima página

121 área de impressão 6,7 × 9,2 cm
122 área de impressão 4,6 × 9,2 cm

OSTROWER 45

123 área de impressão 13,5 × 9,2 cm
124 área de impressão 13,5 × 9 cm

SEGUNDO ATO
Deus lhe pague
OSTROWER 1945

TERCEIRO ATO
Deus lhe pague
OSTROWER 45

125 área de impressão 9,2 × 6,7 cm
126 área de impressão 9,5 × 6,7 cm
127 área de impressão 13,5 × 9 cm

Deus lhe pague III OSTROWER 45

Deus lhe pague I OSTROWER 45

128 área de impressão 8,4 × 5,6 cm
129 área de impressão 8,7 × 5,7 cm
130 área de impressão 8,7 × 5,7 cm
131 área de impressão 8 × 5,3 cm

132 área de impressão 5,1 × 7,5 cm
133 área de impressão 5,1 × 7,5 cm
134 área de impressão 6,5 × 9,4 cm

O RIO

João Cabral de Melo Neto

Rio de Janeiro: Fontana, 1974

Serigrafias sobre papel Fabriano, 1972

135 formato 48 × 33 cm
136 formato 48 × 33 cm
137 formato 48 × 33 cm
138 formato 48 × 33 cm

OS ANJOS E OS DEMÔNIOS DE DEUS
Joaquim Cardozo
Rio de Janeiro: Diagraphis, 1973
Serigrafias sobre papel Westerprint, 1973

139 "Beleza da vida", formato 31 × 31 cm
140 "Beleza da terra", formato 31 × 31 cm
141 "Anunciação", formato 31 × 31 cm
142 "Belém", formato 31 × 31 cm

143 "Nascimento de Jesus", formato 31 × 31 cm
144 "Fuga para o Egito", formato 31 × 31 cm
145 "Reis Magos", formato 31 × 31 cm
146 "Estrela", formato 31 × 31 cm

VOOS ALTOS : VIDA E OBRA

FÁBIO FROHWEIN

DÉCADAS DE 1920 E 1930

Fayga Ostrower nasceu em Lodz, Polônia, em 14 de setembro de 1920. De origem judaica, seu nome — *fayga* significa "pássaro" em iídiche — era o prenúncio de voos altos. Em 1921, mudou-se com a família para Wuppertal, Alemanha. Com a perseguição a intelectuais e judeus promovida pela ascensão do Partido Nazista, retiraram-se para Bruxelas em 1933. Permaneceram um ano na capital belga, na condição de imigrantes ilegais, até que obtiveram visto para o Brasil, um dos poucos países que aceitavam a entrada de judeus. Na viagem de navio, Fayga, que já desenhava desde criança, reproduziu os ambientes da embarcação, bem como os tripulantes, os oficiais e o capitão.

A família chegou ao Rio de Janeiro em 1934 e, após morar provisoriamente em pensão na capital fluminense, mudou-se para o município de Nilópolis, onde já havia uma comunidade judaica. Três anos depois, retornou à cidade do Rio de Janeiro, residindo na rua Itapiru, no bairro do Rio Comprido. Em 1939, Fayga inscreveu-se na Sociedade Brasileira de Belas-Artes. Frequentou, ali, sessões de desenho com modelos vivos, momentos que lhe proporcionavam não só a libertação do pragmatismo cotidiano — nessa época Fayga trabalhava como auxiliar de escritório —, como também os desejados encontros com o "universo da arte".

147
Fayga em seu ateliê. Rio de Janeiro, 1961. [p. 138]

148
Da esquerda para a direita, Fayga é a quinta na primeira fileira. Wuppertal, Alemanha, década de 1930.

149
Fayga em Nilópolis (RJ), onde morou de 1934 a 1937. Década de 1930.

LA CON TINENTA
DE JAN

DÉCADA DE 1940

Em 1941, Fayga conheceu o notável gravurista austríaco Axl Leskoschek, o primeiro professor com quem teve aulas de gravura. Com seus ensinamentos e as goivas que ganhou de presente de um colega de trabalho, a artista se iniciou, em 1944, na linoleogravura, fazendo estudos de ilustrações para obras literárias:

> *Comecei a ilustrar livros. O primeiro que ilustrei foi* O cortiço *(1890), de Aluísio Azevedo. Esse livro foi para mim um grande impacto, e eu pensei: bem, isto é o Brasil, com sua dura realidade. Levei mais de um ano. Foi muito difícil, pois não sabia cortar, não sabia que tinta ou papel devia usar. Usava gelatina para misturar na tinta, que secava na matriz, enfim, foi um trabalho muito grande. O segundo livro era de um autor italiano, Ignazio Silone. Chamava-se* Fontamara *(1933) e contava a história da entrada do fascismo numa aldeia na Itália. Nesse trabalho, senti que estava fazendo progressos, que a composição estava melhorando. Me senti progredindo. Mas tudo isso eu fazia para mim mesma.*[1]

As ilustrações de *O cortiço* seriam publicadas em 1948, em edição especial da editora Zelio Valverde, mas as de *Fontamara* ficariam inéditas até hoje. Em 1945, Fayga produziu outra série de linoleogravuras não publicadas, agora para a edição em livro de *Deus lhe pague* (1933), peça teatral de Joracy Camargo.

Em 1946, matriculou-se no curso de artes gráficas da Fundação Getúlio Vargas (FGV) coordenado por Santa Rosa. Além de reencontrar o mestre Leskoschek, foi aluna de Carlos Oswald e Anna Levy. Se, por um lado, a intensa carga horária — das nove da manhã às cinco da tarde — levou-a a deixar o emprego de secretária, por outro foi fundamental para que a jovem gravadora passasse a pensar sobre a técnica e a história da arte. De algum modo, ali começava a se engendrar a faceta teórica de Fayga, que se desenvolveria anos mais tarde: "Assim que terminei o curso, resolvi que nunca mais em minha vida poria os pés em um escritório. Nada daquele mundo me interessava. Queria e ia ser artista."[2]

Nesse período, apareceram os primeiros livros ilustrados por Fayga: a capa de *Histórias incompletas* (1946), de Graciliano Ramos; e desenhos para *10 histórias de bichos* (1947), livro de contos de autores diversos em que Fayga ilustrou "O drama do touro", de Tristão da Cunha, e "Meu rosilho piolho", de J. Simões Lopes Neto.

A colaboração na imprensa começou em 1947, quando a artista passou a atuar em *O Jornal* e no suplemento literário *Letras e Artes*, do jornal carioca *A Manhã*, nos quais colaboraria respectivamente até 1948 e 1951; e, em 1948, desenhou a capa de *Joaquim*, revista curitibana de artes e literatura.

A primeira exposição de Fayga, coletiva, aconteceu em 1947, na Fundação Brasil Central e na Associação Brasileira de Imprensa, ambas no Rio de Janeiro, nas quais foram expostos os trabalhos produzidos pela artista durante o curso da FGV. Sua primeira exposição individual, inaugurada em 1948 na galeria Itapetininga, em São Paulo, depois lhe valeria a medalha de prata no LII Salão Nacional de Belas-Artes no antigo Ministério da Educação e Cultura (MEC).

150
Fayga trabalhando ao ar livre em Itatiaia (RJ). 1954.

151
Fayga e Heinz, seu marido. Rio de Janeiro, 1948.

DÉCADA DE 1950

Os prêmios nacionais e internacionais não tardaram a chegar: Medalha de Prata no Salão Nacional de Belas-Artes, no Rio de Janeiro (1950); Prêmio de Gravura da Association Artistique et Littéraire, em Paris (1952); Prêmio de Aquisição Carlo Tamagni, na III Bienal de São Paulo (1955); Prêmio Nacional de Gravura, na IV Bienal de São Paulo (1957). Em 1958, Fayga recebeu um dos maiores prêmios já concedidos a um artista brasileiro: o Grande Prêmio Internacional de Gravura, na XXIX Bienal de Veneza. Sobre o prêmio, Aníbal Machado escreveu: "A Bienal de Veneza acertou em conferir a essa artista o Grande Prêmio de Gravura. É um acontecimento que honra o Brasil."[3]

Aos olhos brasileiros, a gravura alçava-se a *status* equivalente ao da pintura e da escultura, enquanto o interesse pelas técnicas de gravura crescia expressivamente, com a proliferação de cursos. Mas o prêmio da Bienal de Veneza tinha ainda valor especial para Fayga: era o reconhecimento internacional de seu trabalho, que, em decorrência da transição do figurativismo para o abstracionismo, fora duramente atacado por críticos e artistas no Brasil a partir de 1954, ano de sua primeira exposição de gravuras abstratas, no MEC.

Em 1955, Fayga ganhou a bolsa da Fulbright, comissão de intercâmbio educacional entre Estados Unidos e Brasil, para estudar arte no Brooklyn Museum of Art, em Nova York. Foi a grande oportunidade que a artista teve de, pela primeira vez, visitar museus estrangeiros, já que as viagens ao exterior naquele tempo eram extremamente custosas e difíceis. Pôde, assim, acompanhar de perto questões artísticas em debate no calor da hora e ficou maravilhada com a rica experiência. Em carta ao crítico Jayme Maurício, ela registrou:

Parece que cheguei a Nova York num momento oportuno, pois fala-se muito de um verdadeiro renascimento das artes gráficas nos EUA, um interesse geral que aparentemente fora reavivado há uns dez anos e agora está aumentando de ano em ano, concentrando-se as atividades mais importantes em algumas universidades no interior.[4]

Fayga iniciou a atividade docente no Museu de Arte Moderna do Rio de Janeiro (MAM-RJ) em 1954, onde trabalharia por 16 anos. Para a artista, sala de aula, reflexão teórica e produção artística estavam indissoluvelmente ligadas: "Comecei a ver a arte em termos de linguagem, em termos de espaço. Foi então que comecei a dar aulas teóricas, pois me impressionara tão profundamente a ponto de modificar o meu estilo."[5]

Cabe observar que, diferentemente de seus contemporâneos gravuristas, Fayga não lecionou prática de gravura, mas ministrou aulas de teoria da arte, o que prepararia terreno para que a carreira de conferencista se desenvolvesse, com participações no Congresso Internacional sobre Educação Universitária, na University of Chicago (1955); no Congresso Internacional de Arte e Arquitetura, na Inglaterra (1958); e no Congresso da Associação Internacional de Crítica de Arte, em Brasília (1959).

Nessa década, Fayga ilustrou um maior número de livros: *Poesias* (1951), de José Caó; *Invenção de Orfeu* (1952), de Jorge de Lima; *Opus 10* (1952), de Manuel Bandeira; e *A terra inútil* (1956), tradução de Paulo Mendes Campos para *The Waste Land*, de T.S. Eliot. Utilizando diferentes técnicas, elaborou as capas do *Almanaque Correio da Manhã* de 1955 a 1961.

152
Fayga em seu apartamento.
Rio de Janeiro, 1952.

153
Diploma do Grande Prêmio Internacional de Gravura, conquistado por Fayga na XXIX Bienal de Veneza, 1958.

154
Entrega do prêmio da Bienal de Veneza, no Museu de Arte Moderna de São Paulo. Da esquerda para a direita: Fayga, Francisco Matarazzo, Biaggio Motta e esposa, Lourival Gomes Machado. 1958.

155
Fayga em seu ateliê. Rio de Janeiro, 1958.

b

LA BIENNALE DI VENEZIA

alla xxix esposizione internazionale d'arte il premio dell'amministrazione provinciale di venezia per il bianco e nero è stato assegnato a

FAYGA OSTROWER

venezia 14 giugno 1958

il presidente della giuria

il commissario straordinario della biennale

Além da atuação como ilustradora, produziu o *Álbum 10 gravuras* (1956), conjunto de cinco xilogravuras e cinco gravuras em metal, em tiragem de 40 exemplares, impressa pela própria artista ao longo de um ano. O álbum foi um sucesso, com toda a tiragem vendida. Com o dinheiro, Fayga viajou pela primeira vez à Europa, depois de radicada no Brasil, e teve novamente a oportunidade de visitar museus estrangeiros: "Foi um deslumbramento, absolutamente maravilhoso. Fui à Itália, à França, à Alemanha. Foi a descoberta da Europa para mim. Fui entender coisas e lugares que só tinham sido absorvidos intuitivamente."[6]

Fayga passou a expor em galerias estrangeiras, sem deixar de apresentar trabalhos no Brasil, como nas mostras coletivas no MEC (1950 e 1954) e no Museu de Arte Moderna de São Paulo – MAM-SP (1950); no IX Rencontres Internationales, em Genebra (1954); e na galeria The Contemporaries, em Nova York (1955). Voltou ao MEC e ao MAM-SP em 1956, agora individualmente, apresentando *Fayga Ostrower: gravuras e tecidos*, que lhe rendeu o I Prêmio de Arte Contemporânea, de Melhor Exposição do Ano. Nos anos seguintes, mais duas exposições individuais: no MAM-RJ (1957); e na galeria Bonino, em Buenos Aires (1958).

DÉCADA DE 1960

Embora tenha interrompido o trabalho de ilustradora, Fayga seguiu com suas exposições: VI Bienal de São Paulo (1961); Bienal de Veneza (1962); Institute of Contemporary Arts, em Londres (1962); MAM-RJ (1966 e 1968); e galeria Pátio, em Santiago do Chile (1967). Em 1968, lançou o álbum *Fayga Ostrower: gravuras 1954-1966*, sua única publicação da década.

A artista diversificou sua produção, elaborando dois painéis de cerâmica para o edifício do Banco Lar Brasileiro, em Santos (1960); um mural de 28 × 5,30 m para a Sociedade Hebraica, no Rio de Janeiro (1962); e o *Políptico do Itamaraty*, painel de gravuras para o Palácio dos Arcos, em Brasília (1968), uma de suas mais importantes obras. Em 1963, tornou-se vice-presidente da comissão brasileira da Associação Internacional de Artes Plásticas da Unesco. Com esta última atividade, surgia uma faceta da atuação intelectual de Fayga que ganharia corpo ao longo de sua trajetória: o exercício de cargos em instituições ligadas à arte e à educação.

Longe de abandonar a atividade acadêmica, Fayga proferiu palestras no IV Congresso Internacional de Artistas Plásticos, em Nova York (1963); no Congresso sobre Educação Universitária, na University of Pennsylvania (1964); e no I Congresso Internacional sobre Formação Profissional do Artista, em Londres (1965). Não era menor seu entusiasmo com a docência, que para ela guardava um inequívoco significado ético e político. Nesse sentido, lecionou por seis meses no Spelman College, da Atlanta University (1964), primeira universidade norte-americana para negros, e, em 1969, ministrou um curso para operários da Encadernadora Primor S.A., no Rio de Janeiro, cujas aulas dariam origem ao livro *Universos da arte* (1983):

> *Há cerca de 11 anos, recebi um convite surpreendente: ministrar um curso de arte para os operários de uma fábrica. Além de insólito, o convite não deixava de ser algo inquietante. Dadas as circunstâncias da época, não faltavam motivos de preocupação, sobretudo com eventuais interpretações que pudessem surgir em torno de tal empreendimento. Mas acabei aceitando o convite e durante sete meses dei um curso sobre os princípios básicos da linguagem visual e de análise crítica. Tornou-se uma experiência extraordinária para mim, experiência pedagógica e também humana.*[7]

Ao mesmo tempo que intensificava as atividades docente e acadêmica, Fayga afirmava sua excelência artística, de que são prova distinções e prêmios consagradores como: Grande Prêmio de Gravura no I Certame Interamericano de Gravuras, em Buenos Aires (1960); Prêmio de Gravura da I Bienal do México (1961); Prêmio de Aquisição — Desenho —, na VII Bienal de São Paulo (1963); Prêmio Resumo, de Melhor Exposição do Ano, da Associação de Críticos de Arte do Rio de Janeiro – ACA-RJ (1963, 1967 e 1969); título de Acadêmico Honorário da Accademia delle Arti del Disegno, em Florença (1966); Prêmio de Melhor Exposição do Ano da Associação de Críticos de Arte de Santiago (1967); e Prêmio de Gravura na I Bienal de Caracas, na Venezuela (1967).

156
Fayga com amigas, provavelmente na IV Bienal, no Museu de Arte Moderna de São Paulo. Da esquerda para a direita: a artista, Geny Talberg e Anita Grabois. 1961.

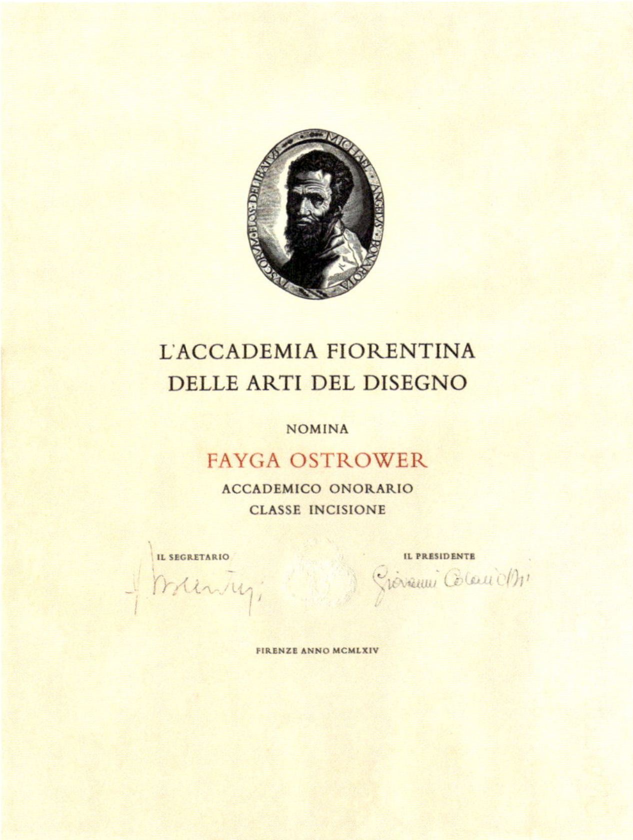

L'ACCADEMIA FIORENTINA
DELLE ARTI DEL DISEGNO

NOMINA

FAYGA OSTROWER

ACCADEMICO ONORARIO
CLASSE INCISIONE

IL SEGRETARIO

IL PRESIDENTE

FIRENZE ANNO MCMLXIV

157
Diploma de Acadêmico Honorário da Accademia delle Arti del Disegno. Florença, 1966.

158
Fayga entre artistas gravadores. Da esquerda para a direita: Claudio Correa e Castro, Anísio Medeiros, Poty, Lívio Abramo, Fayga, Oswaldo Goeldi, Lygia Pape, Darel Valença, Iberê Camargo e Marcello Grassmann. Rio de Janeiro, 1960.

159
Fayga em seu ateliê. Rio de Janeiro, 1963.

160
Fayga em seu ateliê com provas do *Políptico do Itamaraty.* Rio de Janeiro, 1969. (I)

161
Heinz Ostrower, Axl Leskoschek e Fayga. Locarno, Suíça, 1971.

162
Fayga em seu ateliê com provas do *Políptico do Itamaraty.* Rio de Janeiro, 1969. (II)

DÉCADA DE 1970

Fayga confirmou sua tendência para a reflexão sobre o fazer artístico, evidenciada na década anterior. Publicou seu primeiro livro teórico: *Criatividade e processos de criação* (1977).

Expôs trabalhos na galeria Bonino, no Rio de Janeiro (1974 e 1977); na Casa do Brasil, em Roma (1975); no Brazilian American Institute, em Washington (1975); na galeria Dédale, em Genebra (1975); no Palais des Beaux-Arts, em Bruxelas (1975); na galeria Grafikhuset, em Estocolmo (1977); na galeria Múltipla, em São Paulo (1977); e no Centro Cultural de la Villa de Madrid (1978).

Nesse período, voltou a ilustrar livros, com técnica que até então nunca usara: a serigrafia. Assim, preparou em 1972 gravuras para *O rio* (1974), poema de João Cabral de Melo Neto publicado em tiragem limitada; *Os anjos e os demônios de Deus* (1973), de Joaquim Cardozo; e o álbum *Caminho* (1974), conjunto de seis serigrafias em homenagem a Aníbal Machado.

Além de continuar engajada no ensino e na vida acadêmica, foi agraciada com o Prêmio de Gravura da II Biennale Internazionale della Gràfica, em Florença (1970); o título de Cavaleiro da Ordem do Rio Branco (1972); e o Prêmio Resumo, Melhor Exposição do Ano, da ACA-RJ (1972). Em 1976, Fayga passou a integrar o conselho do International Center for Integrative Studies, em Nova York.

DÉCADA DE 1980

Se, por um lado, afastou-se definitivamente do trabalho de ilustração para livros, por outro Fayga permaneceu atuante como docente e teórica, publicando seu segundo livro de teoria da arte, *Universos da arte* (1983), e comparecendo a dezenas de encontros como palestrante e educadora.

Sua agenda de exposições também prosseguia movimentada, sobretudo no exterior: Museu Leonardo da Vinci, em Milão (1980); Museu de Arte Moderna da Cidade do México (1981); galeria Epikur, em Wuppertal, Alemanha (1987); galeria Test, em Varsóvia (1989); e Museu de Arte, em Lodz, sua cidade natal (1989).

Essa década continuou sendo para Fayga de expressivo reconhecimento por parte da crítica e de instituições: recebeu o título de Notório Saber, do Conselho Federal de Educação e da Câmara de Ensino Superior, em Brasília (1982), e, três anos depois, foi distinguida com os títulos de cidadã honorária do Rio de Janeiro, pela Câmara Municipal do Rio de Janeiro, e de mulher do ano, pelo Conselho Nacional de Mulheres do Brasil.

Ainda em 1985, a convite da Fulbright, visitou institutos e museus de arte norte-americanos, avaliando o ensino de educação artística nos Estados Unidos, e no ano seguinte assumiu a presidência da Sociedade Brasileira de Educação Através da Arte (1986). Além disso, recebeu, entre outros, o Prêmio Personalidade 1983, da Associação Paulista de Críticos de Arte – APCA (1984); e o Grande Prêmio Nacional Mario Pedrosa, da Associação Brasileira de Críticos de Arte, no Rio de Janeiro (1984).

163
Fayga em Roma, Itália, 1980.

164
Fayga durante palestra em Porto Alegre, 1978.

165
Fayga em seu ateliê.
Rio de Janeiro, 1982.

166
Logomarca comemorativa
dos 90 anos de nascimento
da artista, 2010.

167
Gravura para a edição de
1948 de *O cortiço*. [p. 160]

DÉCADAS DE 1990 E 2000

Aos 70 anos, Fayga publicou *Acasos e criação artística* (1990). Esse seria apenas o primeiro de uma série de livros teóricos que ela publicaria nessa década: *Goya: os caprichos* (1995); *Goya: artista revolucionário e humanista* (1997); *A sensibilidade do intelecto* (1998), laureado com o Prêmio Jabuti de 1999; e *Criação artística: influências e repercussões culturais* (1998).

A carreira internacional da artista cada vez mais se consolidava por meio de exposições em cidades espanholas — Barcelona, Terassa, Gerona, Lérida e Madri (1990); no Hämeenlinna Taidemuseo e no Museu de Arte Jyväskylä, ambos na Finlândia (1991); no Museu de Belas-Artes de Santiago do Chile (1993); e na II Conferência de Cúpula das Américas, também em Santiago do Chile (1998). No Brasil, a artista expôs na galeria Bonino, no Rio de Janeiro (1991); no Centro Cultural Banco do Brasil, no Rio de Janeiro (1995); no Museu de Arte Contemporânea, em São Paulo (1995); e no Museu de Arte de Brasília (1995). Em 1999, sua exposição *A música da aquarela*, inaugurada no Museu Nacional de Belas-Artes, percorreu inúmeras cidades brasileiras, seguindo depois para Berlim, Paris, Londres, Roma e Lisboa.

Até o fim de sua carreira, Fayga manteve-se entre os mais prestigiados artistas brasileiros. Além de ser a homenageada da Bienal de San Juan de Grabado Latinoamericano, em Porto Rico (1995), conquistou, entre outros, o Grande Prêmio Nacional de Arte pelo conjunto da obra e pela contribuição à arte brasileira, do Ministério da Cultura (MinC) e da Funarte (1994); Prêmio Mario Pedrosa, da Associação Brasileira de Críticos de Arte, e Prêmio Melhor Exposição do Ano, da APCA (1996); Prêmio do Mérito Cultural, conferido pelo governo brasileiro (1997); Prêmio Candido Portinari, do MinC (1998); e Grande Prêmio de Artes Plásticas, também do MinC (1999).

A artista faleceu em 13 de setembro de 2001, no Rio de Janeiro. Em sua agenda, havia ainda anotados compromissos para 2002 e uma viagem para a França. Suas cinzas foram depositadas no anfiteatro de Epidauros, na Grécia, que considerava "um dos lugares mais maravilhosos deste planeta".[8]

---

1 SAMPAIO, Lilia. "Arte, sentido de vida". *In*: MARTINS, Carlos (org.). *Fayga Ostrower*. Rio de Janeiro: Sextante, 2001, pp. 158-159.

2 *Ibidem*, p. 163.

3 MACHADO, Aníbal. *Parque de diversões*. Belo Horizonte: EdUFMG, 1994, p. 197.

4 SAMPAIO, Lilia. *Op. cit.*, p. 166.

5 COUTINHO, Wilson. "Fayga Ostrower". *In*: MARTINS, Carlos (org.). *Op. cit.*, p. 28.

6 SAMPAIO, Lilia. *Op. cit.*, p. 169.

7 OSTROWER, Fayga. *Universos da arte*. Rio de Janeiro: Campus, 1983, p. 17.

8 *Os caminhos de Fayga Ostrower*. Rio de Janeiro: Sol Gráfica, 2008, p. 54.

SEDE
Av. Paulista, 1294, 14° andar
01310-915, Bela Vista, São Paulo SP
tel (11) 3371-4455
fax (11) 3371-4497
e-mail: ims@ims.com.br

CENTROS CULTURAIS

RIO DE JANEIRO
Rua Marquês de São Vicente 476
22451-040, Gávea
tel (21) 3284-7400
fax (21) 2239-5559

SÃO PAULO
Rua Piauí 844, 1° andar
01241-000, Higienópolis
tel (11) 3825-2560
fax (11) 3661-0984

POÇOS DE CALDAS
Rua Teresópolis 90
37701-058, Jardim dos Estados
tel I fax (35) 3722-2776

RESERVA TÉCNICA FOTOGRÁFICA,
RESERVA TÉCNICA LITERÁRIA
E RESERVA TÉCNICA MUSICAL
Rua Marquês de São Vicente 476
22451-040, Gávea
tel (21) 3284-7400

internet e rádio batuta
www.ims.com.br

IMS
INSTITUTO MOREIRA SALLES

Instituto
Fayga
Ostrower

www.faygaostrower.org.br

INSTITUTO MOREIRA SALLES

FUNDADOR
Walther Moreira Salles (1912-2001)

DIRETORIA EXECUTIVA

PRESIDENTE
João Moreira Salles

VICE-PRESIDENTE
Gabriel Jorge Ferreira

DIRETORES EXECUTIVOS
Mauro Agonilha
Raul Manuel Alves

CONSELHO DE ADMINISTRAÇÃO

PRESIDENTE
João Moreira Salles

VICE-PRESIDENTE
Fernando Roberto Moreira Salles

CONSELHEIROS
Gabriel Jorge Ferreira
Pedro Moreira Salles
Walther Moreira Salles Junior

ADMINISTRAÇÃO

SUPERINTENDENTE EXECUTIVO
Flávio Pinheiro

COORDENADORES EXECUTIVOS
Samuel Titan Jr.
Jânio Gomes

COORDENADORA EXECUTIVA DE APOIO
Odette J. C. Vieira

COORDENADORA | LITERATURA
Elvia Bezerra

COORDENADOR | INTERNET
Flávio Moura

COORDENADORA | MÚSICA
Bia Paes Leme

COORDENADOR | FOTOGRAFIA
Sergio Burgi

COORDENADORA | ARTES
Heloisa Espada

COORDENADORAS | CENTROS CULTURAIS
Elizabeth Pessoa
Odette J. C. Vieira
Vera Regina Magalhães Castellano

LIVRO E EXPOSIÇÃO

REALIZAÇÃO
Instituto Moreira Salles

CURADORIA
Eucanaã Ferraz

COORDENAÇÃO EDITORIAL
Samuel Titan Jr.

PESQUISA
Fábio Frohwein

PROJETO GRÁFICO
Danowski Design:
Sula Danowski
Manuela Roitman
Gabriel Netto

PREPARAÇÃO E REVISÃO
Flávio Cintra do Amaral
e Denise Pessoa

PRODUÇÃO GRÁFICA
Acássia Correia

PRODUÇÃO EDITORIAL
Denise Pádua

TRATAMENTO DE IMAGEM
E PRÉ-IMPRESSÃO
Danowski Design
Marina B. Valença (colaboração)

IMPRESSÃO, ACABAMENTO
E PROVAS
Ipsis Gráfica e Editora

COORDENAÇÃO IMS-RJ
Elizabeth Pessoa

EQUIPE DE PRODUÇÃO IMS
Maria Moretto
Lúbia Souza
Sandra Carvalho
Aline Menezes

GRAVURAS DO ACERVO
INSTITUTO FAYGA OSTROWER
n. 2, 20-24, 36-38, 58, 59,
78-146 e 167

FOTOGRAFIAS DO ACERVO
INSTITUTO FAYGA OSTROWER
n. 1, 3, 4 e 147-165

AGRADECIMENTOS
Noni Ostrower
Caetano Daniel

Dados Internacionais de Catalogação na Publicação (CIP)
(Câmara Brasileira do Livro, SP, Brasil)

Fayga Ostrower ilustradora / organização Eucanaã Ferraz ; textos Júlio Castañon Guimarães, Roberto Conduru. – São Paulo : Instituto Moreira Salles, 2011.

ISBN 978-85-86707-64-3

1. Arte e literatura 2. Artes gráficas - Brasil 3. Artes plásticas - Brasil 4. Ilustradores - Brasil 5. Ostrower, Fayga, 1920-2001 I. Ferraz, Eucanaã. II. Guimarães, Júlio Castañon. III. Conduru, Roberto.

11-01593 CDD-741.6

Índices para catálogo sistemático:
1. Ilustradores : Apreciação crítica 741.6

TIRAGEM 1.000
CAPA papel DuoDesign 300 g/m²
MIOLO papel *offset* 150 g/m²
FONTES Utopia (textos), Trajan (títulos)
e Trade Gothic Condensed (legendas)